泣いて、転んで、つまずいて

増補版

マンマチャオ創業秘話

# それでも1人の営業マンが起業を成功させたわけ

コインランドリー投資をブームにした男の物語

三原淳 著

爆発的に増え続ける
大型コインランドリー、
mammaciao 躍進の
舞台裏

JN184948

# はじめに

## 事業とは、天の時、地の利、人の和だと思う

### なかなか信じてもらえないのだが

「順調ですね」

「先見の明があったんですね」

「テレビによく出ておられますね」

「今度は株式上場ですか?」

「飛ぶ鳥を落とす勢いって、三原さんのことですね」

最近では会う人ごとに、そのように言っていただけるようになりました。しかし、そのような言葉をいただけるようになったのも、ほんのここ数年のことです。

さまざまな仕事を転々としたのち、㈱マンマチャオの前身である㈲エムアイエスを作ったのが２０００年のことでした。当初は職住を兼ねたアパートの1室で、妻と２人だけの会社でした。

そのときからすでに20年近い歳月が流れたことになります。その大半は悪戦苦闘の連続で、よくぞ今まで潰れずに維持できたものだと我ながら感心しています。

創業からの10年間で開設できたコインランドリーは１００店舗。毎年10店舗の新規開設がやっとでした。辛うじて年商２億円程度を確保していたのですが、ご多分にもれず自転車操業で、借入れ額も増え続け、年商と同じ額の２億円にまで膨らんでしまいました。

当然、返済は滞り始めます。〝リスケ〟と言ってもご存じない方も多いでしょうが、金融機関などで使われる用語で、リ・スケジュール、スケジュールを組み替え、返済可能な計画に変更せざるをえないような状況に陥りました。銀行からは要注意貸付け先、債務超過の非正常貸付け先と見られていたのです。

それが今では、事業説明会にも立ち見が出るほどで、新規にコインランドリーを開設したい人たちに入っていただくプレチャオ会員も、保証金として１００万円以上をお預かりしているにもかかわらず、すでに３００名を超える人たちに入っていただいています。この会に参加していただいている人は、いわばコインランドリー新規開設の予備軍ですが、今もさらに増え続けています。

## 1営業マンが起業を成し遂げることができたわけ

創業からの最初の10年で１００店舗と書きましたが、その後の5年で２００店舗、そしてここ1～2年で三百数十店舗と増え続け、２０１８年の夏には日本全国に５００店舗を超えるまでになりました。

さらに毎月20店舗ぐらい増え続けていますから、東京オリンピックが開かれる２０２０年には１０００店舗を超えることになりそうです。

年商も長らく1億円から2億円の間で低迷していたのですが、２０１５年には7億円へと急増し、翌年以降も毎年倍増を繰り返して、２０１８年にはついに年商32億円

マンマチャオの営業店舗数の推移
※ FC 加盟店のみの店舗数。
（その他の店舗開設数も膨大な店舗数に及びます）
※ 2018 年の店舗数は 8 月現在の数値

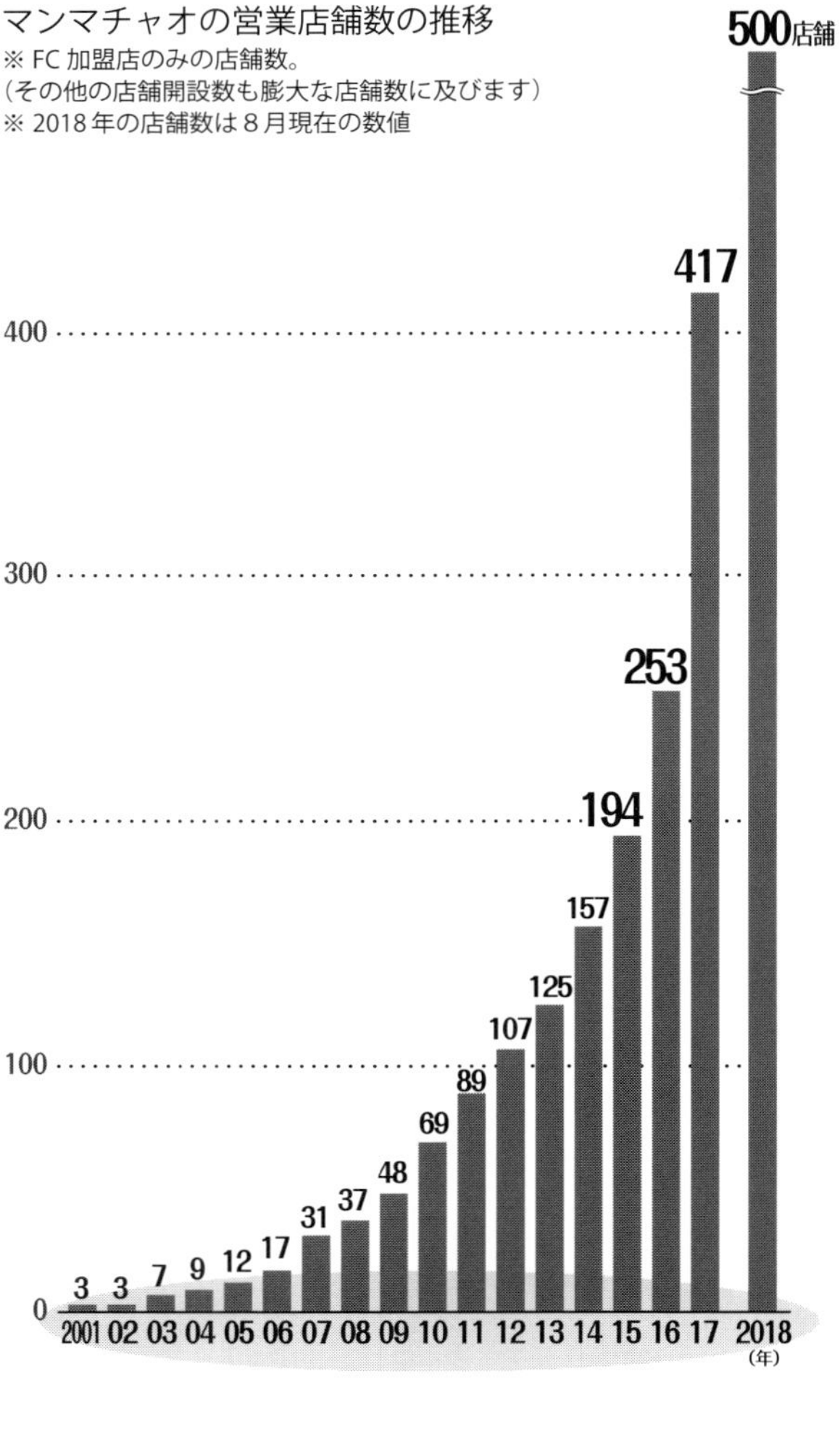

を超えるまでになりました。

だからこそ、ここ数年の間に出会った人たちは、冒頭のように勢いのある会社として見てくださっていますが、それ以前には何をやってもうまくいかず、転職を繰り返していた十数年間の営業マン人生と、創業したものの長期低迷を続け、資金繰りに追われ続けるどん底の十数年間がありました。

それがこのように一気に好転したのも、一つには時代の変化、女性の社会進出が進み、忙しい主婦層が増えたことによるライフスタイルの変化があります。

従来より忙しい主婦のために役立つような大型コインランドリーを提案してきたのですが、まさかここまでの一大ムーブメントになるなんて思ってもいませんでした。

やはりコインランドリーと言うと、学生や単身者を対象とした、場末の銭湯の片隅にあるエロ本や『少年マガジン』などの置かれた薄暗い場所というイメージが残っていました。

今回のブームの切っ掛けになったのが、販促の一環として『はじめてのコインランドリー投資負けナシバイブル』と言う本を出版して、この本を読んだテレビ局の人たちがＴＢＳテレビの『がっちりマンデー』をはじめ、さまざまなワイドショーで取り上げてくださったことでした。

さらにまた、十数年間に渡る長期低迷時期での悪戦苦闘の結果として、コインランドリーのフランチャイズのあるべき姿、副業や兼業としてのコインランドリー経営に何が必要か、フランチャイズ本部が何を提供すべきなのかを模索してきた成果があります。

今に至る経緯を振り返ると、すべてにおいて天の時、地の利、人の和こそが、躍進の決め手となったように思います。その一つたりとも欠けていれば今の私はなかったと思います。

今、新たな躍進の時を迎え、ここで今までの恥の総決算をしておこうと、思いつくままに書き進めました。だからこそ皆さんには、馬鹿な奴だけど可愛げもあるじゃん程度に、私の思い出話に付き合っていただければ幸いです。

目次

# 第1章

# 最初は製薬会社の営業マン（ＭＲ）だった

## ◎製薬会社の営業マン、ＭＲとの出合い

大学４年のとき、ダイヤモンド社から送られてきた小冊子が『医薬品業界の営業マン、プロパーって』みたいなタイトルだった気がする。

どんな職業に就きたいかなんて何も考えず、ただただアルバイトに明け暮れていた学生時代だった。そんな何も考えていなかったときに、こんな本が送られてきたわけだから、まんまと洗脳されてしまった。

そう、その本には、医薬品業界の営業マンが、さもカッコ良く、頭が切れて、女性にモテて、そして高収入であるかのように書かれていた。しかもほとんどがマンガで、わかり

やすかった。

単純な私は、一度読んだだけで虜になった。

当時（1989年ごろ）はバブルの絶頂期だった。当然就職事情も超売り手市場なので、医薬品の営業であるプロパー、MRなんてものに人が集まらなかったのだろう。求人に困った挙句に、医薬品業界上げて、ダイヤモンド社に小冊子の製作と発送を依頼したのだと思う。

※MR：製薬会社の営業担当で、医薬品の情報を提供する業務を行う担当者（プロパーも同じ意味で、MRの旧名称）

## ◎単純だった職業選択の理由

さらに私が、一番コロっと参ってしまった理由は、外資系の営業マンの場合、できる人間にはそれなりの給与や昇格があるとの話だった。

当時はなんの根拠もない自信で、自分はデキルと思い込んでいた。私はMRとなって、史上最年少の課長になることを思い描いた。

さらに外資系ともなると、営業車は自分の所有する車を持ち込んでもいいとなっていた。これが車好きの私への決定打になった。私の学生時代のころは、若い子は当たり前のように車が大好きだった。

四六時中、自分の愛車に乗っていられるなんて、私が外資系の医薬品営業マン、ＭＲになるのを躊躇《ちゅうちょ》させることなんて何もなくなった。

当然、大学の就職課の職員には大反対された。

思い直したらどうかと何度も言われたが、私の耳には届かなかった。その結果、外資系の中でも自分の車で営業ができるという某製薬会社に内々定をもらうことになる。

## ◎天国に迷い込んだような入社内定式

当時は８月下旬だった就職活動解禁日には、ホテルで立食パーティが開かれた。そしてカラオケ大会になる。

10月１日の内定式には、全国の内定者を集めて箱根での豪華一泊旅行が催された。

まさに至れり尽くせりの、常にお客さま扱いだった。

しかも面接や試験のときもそうだったが、この旅行でも交通費は全額会社が支給、と言うより端数切り上げで、いつも多めにもらっていたので、多少は残る計算だった。

こんなに良くしてもらっていいんだろうか？　少し疑問に思ったが、他の業界の企業を受けた友人たちも同じような待遇を受けたと言っていた。

今の人たちには想像もできないだろうが、当時はバブル真っただ中、超売り手市場の求人状態だった。車のディーラーの場合などでは、ハワイ旅行もあったらしい。求人活動一つをとってもこれだから、バブル経済というものがいかに凄まじかったか想像してほしい。

## ◎似たような人たちが集まっていた

恐るべし超売り手の求人市場、そしてバブル経済の真っただ中の喧騒《けんそう》！　今では会社経営者となった私には、それがいかに、通常ならばあり得ないことだったのかがよくわかる。ただし当時は誰１人、バブルが弾けることなど想像もしていなかった。

その内定式で知り合った同じ内定者たちは、みんなすごく話しやすくて、友だちになりやすい人たちばかりだった。なぜか私に似たような人たちばかりが来ていた。

そうそう、みんな二流大学で、話し好きで、私と同じように自分はデキルと、なんの根拠もないのに自信を持っていた。これもあの時代の背景が生み出したものだったのかもしれない。

## ◎なぜか新人研修は、愛知県の半田市だった

新入社員は入社第1日目に、なんと愛知県半田市の研修所に集められた。

まずは１５０人くらいの新人が体育館に集められ、社長挨拶から始まった。ひな壇はすごく遠くて、壇上の人なんて小さくしか見えず、社長の顔さえ覚えられるはずもなかった。

その日からゴールデンウィークまでの１カ月間もの研修所生活が始まった。

同部屋には、いかつい大阪の出身者がいた。初めて聞く関西弁だった。向こうも標準語を使う私を警戒していた。さらに性格は似ているようで、似た者同士、お互いに変な自信が溢れだすものだから、火花バチバチだった。

最初の1週間は人事部主催で、本社や研究所の女の子たちとの合同でビジネスマナーなどの研修だった。若い者同士ということもあり、和気あいあいでとっても楽しかった。

しかしそれも束の間、やがて可愛い彼女たちが帰ってしまって、野獣のような１１０人の新人の営業マンたちだけが残された。

## ◎その後に待っていたのは、地獄の研修

可愛い彼女たちの代わりにやってきたのは、いかつい教育研修部のオジサンたちだ。挨拶の声が小さいと怒鳴られたことを皮切りに、怒鳴られまくる日々が始まった。しかも毎朝テストがある。落第点だと週末は外出禁止となる。にもかかわらず、同部屋の3人は負けず嫌いで、毎日毎日、誰かが寝ないと誰もが寝ないで勉強を続けている。次の日の試験のための勉強を、日付が変わってもやっていた。他の部屋も同じようだった。なんでこんなに日本中から負けず嫌いが集まってしまったのだろうか？　さらに起床と同時にランニングがある。これまた、やっぱり負けず嫌いの連中は、ランニングではなくて全力疾走する。私も負けずに全力疾走の日々だった。朝食後、直ちにテストなのだが、睡眠不足と全力疾走の疲れが重なって、テストに身が入らなかったこともある。

## ◎医学や薬学の基礎知識と商品知識を叩き込まれた

そのテストだが、お昼ごろには全研修生の点数が点数順に張り出されるので、プレッ

シャーに輪をかけた。そうそうなんの勉強をしているかと言うと、医学の基礎知識と薬学の基礎知識、そして自社製品の知識とその特徴などだ。

薬学の大学を出ているわけでもない私たち文系の大学出身者には、ちんぷんかんぷんな内容だった。しかも研修期間中は禁酒で、酒は一切飲めない。さらに平日は外出禁止だから、こっそりと飲みに出ることすらできない。

中途採用組も途中合流してきたが、私はともかく、いい歳をしたオジサンたちが研修所に軟禁されて、酒も飲めずに、かなりストレスが溜まっていたようだ。

ゴールデンウィークには、みんな一度自宅に戻って羽を伸ばした。この間も、何も仕事をしていないのに初任給までいただいた。

大会社は本当にありがたい。３食風呂付きで１カ月も泊めてもらい、そのうえ医学の勉強までさせてくれる。それが無料どころかお金までいただける。しかも社会保険付きだ。今の当社には、こんなことなどできるわけがない。

## ◎早速の脱落者、そしていかつい営業の猛者たちの登場

さて、束の間の休みが終わり、半田市の研修所には、また自信過剰気味のギラギラども

が戻って来た。そこでまず驚いたのは、十数人が戻って来なかったことだ。

たしかに研修は辛かったが、まだ始まったばかりだ。それもたったの1カ月間である。

まだ社会にも出ていない。研修所の中にしかいなかったのに、もう辛いと弱音を吐くのか？　かなりショッキングで、残念だった。

そこへ、いかつい教育研修部のスタッフに加えて、さらにいかついオジサマたちがゾロゾロとやって来た。なんと全国からやってきた各営業所、支店の営業課長たちだった。みんな営業の一兵卒からの叩き上げだ。

その中の何人かは〝営業とはなんぞや〟的なお題目の講演をする。研修生の私たちは、そんなオジサマたちを尊敬の眼差しで見つめつつ、必死でメモをとった。

まだ社会に出たこともないのに……、営業なんてしたこともないのに……。

## ◎トレンディドラマのカッコいい営業マンとは、ちょっと違った

今ではほとんどその内容を覚えていない。でも、一つだけ覚えていることがある。

のちに私が配属されることになる横浜営業所の所長も兼務する三橋課長が言った、「営業に一番大事なのは笑顔です」。これだけだった。

でもこの言葉、なんだか腑《ふ》に落ちない。なぜなら当時流行のトレンディドラマに出てくる営業マンは、総じてカッコ良くって、シビアな顔をしていた。眉間《みけん》にしわを寄せて、まるで喧嘩でもしているような営業のシーンがある。誰も三橋課長の言うような、笑顔でニヤニヤと和気あいあいの営業なんてしていない。笑顔でニヤニヤはカッコ良くないので、聞き流すことにした。なんだか情けない存在に思え、自分の目指す営業マンではないと考えていたのだ。もちろん今では、この方針は１８０度変わってしまったのだが。

## あまりにも手ごわい、ドクターもどき

話を戻して、なぜこれだけ大勢の営業の猛者《もさ》たちがここへやって来たのかすぐに判明した。彼らは白衣を着だした。そうなのだ、彼らをドクターに見立てたロールプレイングをするのだ。

それぞれ商品のプレゼン資料は持っていたが、もちろん使ったことなどなかった。当然のように研修生の私たちが、ドクターに扮した百戦錬磨の課長さんたちに、売り込めるわけがない。

本物のドクターよりも手ごわい。

ドクターまがいが待ち構える部屋のドアをノックする。毎回、足が震える。ひと通りの模擬営業が終わると、ドクター役の課長に再度部屋へ呼ばれて、総評を聞く。ひどい言われようで、泣き出してしまう者もいる。それでも、泣いても許してもらえない。合格点がもらえるまで、何度も挑戦を繰り返す。

それでも落第点になると、またしても週末の外出禁止が言い渡される。

※ロールプレイング：役割演技による疑似体験を通じた学習方法

## ◎ロールプレイングで学んだこと

ロールプレイングがうまくいかない理由は、未熟だからにほかならないのだが、一番の敗因は相手のニーズを探りきれないからだ。

どんな商品（薬）を望んでいるのか？　今、何に困っているのか？　どんな顧客（患者）が多いのか？　会うたびに、相手はニーズを変えてくる。前回と同じ手法では通用しない。

ここで私が覚えたのは、自分が考えるその商品のメリットは、必ずしも相手にとってメリットと感じられる商品ではないということだ。

自分がその商品のメリットに惚《ほ》れ込んだときには、相手もそうであるに違いないと思い込んでしまう。しかし商品のメリットは一つではない。

いくつかあるうちの違うメリットが、相手にとっては魅力的に感じることもある。

実践を経ていない私たちにはなかなか理解できなかったのだが、相手のニーズを引き出すことよりも、ついついうまく説明しなければということに夢中になってしまう。

いつの間にか、営業マンでなく、説明マンになってしまっていたのだ。そう、まるでトレンディドラマの主人公のように。

## どうすればクロージングできるんだ

カバンにカタログを入れ、深呼吸してドアをノックする。ちょっと顔が引きつっているかもしれないが、満面の笑みを浮かべて「失礼します」とドアを開ける。

白衣を着て椅子にもたれかかった営業課長に、しどろもどろに営業トークを繰り返す。

それでも幾度もダメ出しを喰らい、終日同じことを繰り返した。

翌日も、その翌日も、さらにその次の日も、同じことの繰り返しだった。

翌週には、また違う営業課長がドクター役になって登場する。先週の営業課長がようやくOKを出してくれた営業トークも、新しい営業課長からはダメ出しを喰らってやり直す。毎日毎日、朝から晩まで、どうすればクロージングできるのかと葛藤《かっとう》の日々が続いた。相手の顔色や言動から、ニーズを探りだせるようになるまで、営業課長をドクターに仕立てたロールプレイングが続けられた。

それでも営業の猛者たちも、暗くなるころにはクタビレ果てる。そんなときには研修所でもお酒がふるまわれるようになり、ビールを酌み交わしながら営業の世界の話を聞いていた。

やがて厳しかった研修も終わり、横浜営業所に配属されて、私の営業マンとしての人生が始まることになる。

※クロージング：営業活動で成約に持ち込むこと

# 第2章

# MRになって学んだこと、そして最初の挫折

## 望み通りの横浜営業所に配属された

物心ついたときから横浜で育ってきた私が、横浜営業所に配属されたときは本当に嬉しかった。日本全国に営業所があるので、自分の思い通りの地域に配属されるのは稀《まれ》であった。

営業所に仮配属の初日、自分のデスクに案内されて驚いた。デスクマットの中にマジックで『目指せ！　新人賞！・』と手書きの文字が躍っていた。配属先の課長が書いたものだった。その年に配属された新人の中で、一番売上げの良かった営業マンに新人賞が贈られるそうだ。その新人賞が出た課には、接待交際費として使える経費が増額されるようだった。

直属の上司、三橋課長には会うたびに、「新人賞」「新人賞」と言われた。三橋課長とは、研修中からも面識があった。そう、前述のロールプレイングに来た課長で、さらに営業に一番大事なのは〝笑顔〟だという講演をされた方である。

実際に営業所で会ったときには、近寄りがたいほどのオーラがあった。

## ◎同行営業で垣間見た先輩たちの営業活動

ＯＪＴで、先輩営業マンたちの助手席に座って、営業に同行させてもらう。

実は、結構期待していた。実際の現場で、先輩たちがどんな営業をしているのか？　さぞかしすごい営業トークをしているのではないかと……。

しかし、がく然とした。全国でもトップレベルと言われる先輩の営業マンと同行した際、１日中カタログを出さなかった。商品（薬）の話もしない。当然、研修所で習ったような営業トークなど聞けない。なんでー？　私たちは営業マンじゃないのー？

ではどんな話をしているのか？　プロ野球の話、車の話、お酒の話など、単なる雑談ばかりだった。

その先輩とは、５日間ご一緒した。それでも結局、営業トークは聞けずじまいだった。自分はこんな不真面目な営業マンには絶対ならないぞと誓った。そのときだけだったが……。

しかし翌週に同行営業させていただいた先輩も、そのまた翌週の先輩も、研修所で習ったような営業トークは一切なかった。

※ＯＪＴ：実務を通じて行う職業訓練（On-the-Job Training）

## ◎営業をしない営業マンの売上げがすごかった

月が明けて、営業会議で各人の売上げが発表された。

雑談ばかりでろくな営業をしなかったので、さぞかし先輩たちは売れなかっただろうと思いきや、なんと全員がノルマをクリアしていた。しかも一番最初に同行して、商品の話などはまったくしなかった先輩は、ダントツの売上げだった。

カルチャーショックを受けた。自分が思い描いていた、あのトレンディドラマに出てくるようなクールでカッコいい営業マンは１人もいない。しかも、一番それに似つかわしくなく、営業らしい営業をしていない先輩がトップセールスマンとは……。

一つ年上の先輩に聞いた。研修所で習った営業トークは役に立つのですか？と。

先輩いわく、「とっさのときなど、あの営業トークが必要なときがあるんだよ」「でも、練習していないと、とっさのときに使い物にならない」「研修であのように練習しているから、うちの会社は強いんだよ」。

分かったような分からない話で、そのときはフ～ンって感じだった。でも今は〝当然だよね〟って思える。

## MRの営業パターンは同じことの繰り返しだった

先輩から得意先をいくつか引き継ぎ、見よう見まねで営業まがいのことを始める。

《AM8：30　担当のA病院に入る》

駐車場に入って来る車の車種と色を見て、どの先生が出勤して来たのかを判別する。そう、この市民病院のドクター150人のうち、ほとんどのドクターの車を調査済みだった。

出勤してきたドクターに挨拶をして、一緒に歩きながら談笑する。そしてそのまま医局と呼ばれるドクターのデスクが並ぶ部屋まで同行する。

衝立《ついたて》で仕切られているデスクの横に立ち、雑談の延長。このときはだいたい３社程度のＭＲが話に参加している。この話の中で主導権を握らなければ、その後がない。

主導権を握り、そこでドクターとマンツーマンになったとき、初めて「先生、今日も〇〇（薬名）をお願いします」とクロージング。これを何人もこなす。

中には、医局には来たものの、ドクターに声をかける勇気がなくて、壁に貼り付いている営業マンもいる。業界では、彼らを「壁の花」と呼んでいた。

９時になるとタイムリミット。ドクターは外来に行ったり、病棟へ行ったり、医局からいなくなる。我々はそこへは行くことはできない。

## 《ＡＭ９：30　横浜営業所に出勤》

課長と面談したり、仮払金の精算をしたり、その他のいろいろな雑用をこなす。

《AM12：00　担当のB病院に入る》

昼食を食べるためにドクターが医局に帰ってくる。そこをつかまえて雑談に興じる。午後1時がタイムリミットになる。

《PM1：30　昼食》

営業車の中で弁当を食べることが多い。ファミレスに行くのは、経費精算の書類をまとめるときくらい。

《PM3：00　担当のC病院に入る》

外来が終わって、医局に戻るドクターをつかまえて営業する。このまま6時か7時までここで待つ。じっくり話ができるが、待ち時間が長くて結構大変だ。

(今でも夕方、病院が閉まる間際に行くと、真夏でもネクタイを締めて、ビシッとブラックスーツでキメているお兄さんを見かける。大変だなーって思いつつも、自分もこうだったなと懐かしくなる)

《PM8：00　横浜営業所に帰社する》
当時は、パソコンもなかった時代だ。ともかく手書きの書類が多かった。
《PM9：00　終業　／　9：00〜10：00　帰宅》
ただしこのパターンは、何もなかったときの場合で、週の半分はドクターか先輩と食事に行くので、帰りは毎日ミッドナイトだった。

### ◎営業マンとしての最初の出足は良かったのだけれど

医局とは離れたところに研修医の先生たちの小部屋があった。

狭いところに衝立もなくデスクが並べられている。居心地も悪そうだ。でも彼らは、私とも年齢が近く、仲良くなることができた。

研修医のみならず、若手のドクターを集めての飲み会を企画した。その結果、私の会社の抗生物質の点滴が採用されて、病棟中の患者さんの頭上にぶら下げられた。

薬品の卸さんからも「絶好調ですね」って声をかけられる。ドクターからも「調子がいいみたいですね、もっと出しますから」と言われる。先輩たちからも「よくやった」と褒められる。

課長からも褒められる。気分が良かった。

が、それも束の間、大手国産製薬会社さんが、部長クラス、医長クラスの先生たちを集めてゴルフ接待。あっという間にひっくり返された。

（患者さんは、自分の頭の上にぶら下がっている点滴に、どこの会社の抗生物質が入っているかなんて知らない。週替わりで違う製薬会社の抗生剤が入っているとは、夢にも思わないだろう）

## ◎課長との同行営業が、その後の営業スタイルを変えた

私がどんな営業をしているのか確認したいとのことで、三橋課長を助手席に乗せて営業活動に出かけることになった。

いつものパターンでドクターと雑談していると、いつもはあまり話をしないドクターが、結構冗舌《じょうぜつ》になる。しかも、課長の顔を見ながら、なんだか楽しそうだ。次の病院に行って、次のドクターに会っても同じ現象が起きる。当然、そのまた次の病院でも……。

なぜなんだー？　私は面白くない。だって、だって、毎日毎日眠いのに早起きして、ドクターの好きそうな話をして、人間関係を作ってきたのは、課長でなく私だ。

帰りの車の中で課長に話しかけた。「なんでドクターは、私ではなくて、課長にばかり話しかけるんですかね？」と。

課長いわく、

「研修所での私の話を覚えているかい？　笑顔の話だよ。私は、君ぐらいのときは、毎朝笑顔を作る練習をしていた」

「車のルームミラーを覗き込んで、笑顔をうまく作れるまで練習して、うまくできてからドクターに会うようにしていた」

「商品知識は当然だよ。営業トークも当たり前だ。でも、もっと当たり前なのは笑顔だよ」

「笑顔が良ければドクターは話をしてくれる」

「君の顔を見ていても面白くないよ、しかめっ面でさ」

「うちの課の営業マンは全員笑顔が素敵でしょ？　だからうちの商品は売れているんだよ」

## ◎イメージ一新、学んだものは大きかった

またしてもカルチャーショックを受けた。私は社会に出るまでの22年間の何倍もの刺激を、某外資系製薬会社に入社してからの1年間で受けた。

特に横浜営業所の三橋課長、研修のときには「何言ってんだろ、この人」と思っていた三橋課長から受けた影響が大きい。

この笑顔の話、今の私があるのはこのおかげだ。このような当たり前のことに気づけなかったら、今に至るまで営業活動はやっていなかったし、会社も起こしていなかったと思う。

しかし残念なことに、当時の私は、頭ではこのことを理解したのだが、やっぱり実践には移せなかった。

自分ではトレンディドラマのようにクールでカッコいいと思っていたのだが、傍《はた》から見れば単なる仏頂面《ぶっちょうづら》だったのだろう。当然のように、売上げは伸びなかった。

冷静になって考えてみると、トレンディドラマの洗脳効果たるやすごいものがあると感じる。

学生のとき、子供のときに、興味を持って見たり聞いたりしたものが、社会人になってからの人生に、想像以上の大きな影響を与えてしまう。

そしてその影響は、頭では分かっていても、簡単には消し去ることができない。

私も１経営者として、１営業管理者として、さらには１父親として、このことは心に留めておくべきだと思う。

## ◎同期からの電話で、現実のシビアさを知る

めったに私にはかかってこない電話機が営業所にあった。

先輩が「〇〇営業所の〇〇さんから、三原君宛に」と取り次いでくれた。

「えっ？　私にですか」と、恐る恐る電話に出ると、なんと同期入社の新入社員だった。

あの地獄のような研修所での軟禁生活を乗り切った仲間だ。

当時としては画期的だったと思うが、実は、営業所に唯一あるコンピュータで、社員番号を入力すると誰がどの商品をどのくらい売っているのか分かるシステムが導入されていた。

当時はコンピュータが何百万円もする時代だ。すごいシステムだった。それで、私の売

上げデータを見た彼が、商品をどこへどうやって売っているのか教えてほしいと言ってきた。

同期でもあり、苦楽を共にした研修所仲間なので、自分の経験や、この間に得たノウハウを、事細かに説明した。私のやり方は、彼の観点とはだいぶ違っていたらしく、その情報は重宝がられた。

しかし参考にさせてほしいからと、彼が売っている商品と売り方について尋ねたが、教えてくれない。

「なんで?」と、その理由を聞くと、お互い新人賞のライバル同士だからと言って、ガチャンと電話が切れた。とても虚しかった。これが社会の現実なのか?

## ◎わずか1年で挫折したのはイメージとの落差だったのかも

懇意《こんい》にしているドクターから、整形外科をまとめて忘年会をしてほしいと依頼を受けた。ライバルの製薬会社の営業マンにも呼びかけて、共同で開催することになった。

場所を予約して、看護師さんたちに案内状を配って、当日は司会をして、盛り上げて、二次会、三次会まで仕切って、終わったらドクターを家まで送って、と涙ぐましい努力の連続だった。

これがはたして営業なのか？　今思うと、こんなにいいチャンスはなかった。千載一遇《せんざいいちぐう》とはまさにこのことだ。それなのに、当時は嫌でたまらなかった。例のトレンディドラマに出てくる主人公たちとあまりにも違うからだ。

またこれか。だから時間と労力を使ったわりには、成果が出なかった。そんな私を尻目に、この忘年会の企画でライバル会社の営業マンたちは大きくシェアを拡大した。

どんなことでも、取り組む姿勢によって結果は大きく違うものだ。当然のようにこのようなことを繰り返していたので、営業成績は伸び悩んでいた。

## ◎ご多分にもれず、うつ病、引きこもり、退職

結局、病院でも社内でも、売れない営業マンというレッテルが貼られた。

ダメな奴と、営業マンとしてだけでなく、人格まで否定されているような気分になってくる。

仕事が嫌になってきていた。まだ勤めて1年にも満たないのに、もうこの仕事の先行きが分かったようなつもりでいた。

そう、楽しいことは一つも知らずに、知らないくせに何年も先の自分の未来が分かったようなつもりでいた。暗たんたる気分だった。

ある日、会社に行けなくなり、うつ病になり、部屋に引きこもるようになった。

会社に退職を申し出たら、取締役営業本部長や人事部長が訪ねてきて慰留された。

それでも聞き入れず、私のＭＲとしての仕事に幕を引いた。

# 第3章

# なぜか、ショッピングセンターの従業員

## ◎リハビリから突然、就職活動の日々に突入した

うつ病になり、部屋に引きこもり、外資系製薬会社を退社した私は、実家に戻った。そして恥ずかしいことに、母親に連れられて神経内科に通い、自宅療養を始めた。

ところが、自宅療養を開始してすぐに、私にひと言の断りもなく、母親は勝手に履歴書を書き、企業の採用係へ送りつけてしまった。

やがて次々と面接の日時が決まり、一方的に母から告げられることになる。

母の思いを無視するわけにもいかない。仕方なしに、ぼそぼそと出かけた。まだほとん

ど人と話すことができないし、人の顔をまともに見ることもできないような状態だった。買い物をして、レジでお金を払うこともできないような状態なのだが、まだ乗れないはずの電車に乗って試験会場へと向かった。

1社目は、なんとリクルート社だった。書類選考、適性検査、ペーパーテストを潜り抜け、いよいよ面接になった。でも、面接官の顔も見ることができない。しかも、まだうまく話せない。

当然のように不合格だった。しかし、このように採用がらみで動いたことが、うつ病のリハビリになったようだ。徐々に回復してきた。

## ◎ショッピングセンター入社、そしてリニューアルオープン

次に母が履歴書を送ったのは、ショッピングセンターを展開する会社だった。

当時(1992年ごろ)は、すでにバブルも終盤の時期を迎えていたが、それでもまだ人手不足は続いていた。そのときもやはり面接ではろくに話せなかった私だったが、即採用された。

採用が決まってすぐに、とある駅に降り立った。神奈川県で育った私だが、この駅で降

りるのは初めてだった。そして駅前のショッピングセンターの裏口で、警備員さんに声をかけた。

本社からここへ行くように言われてやって来たと説明したら、怪訝《けげん》そうな顔をしながらも、ヘルメットを被れと促された。そうなのだ、リニューアル工事中で、売り場と言うより工事現場そのものだった。

おびただしい数の什器を、あっちへ持って行ったり、こっちへ持って来たり。ホコリまみれになり、汗だくになって体を動かすことになる。

約１週間も、この肉体労働が続くことになるが、これがうつ病のリハビリとしては良かったようだ。みるみるうつ病は治っていった。

やがてショッピングセンターは、リニューアルオープンの日を迎える。

## ◎サイクルコーナーで、見えない壁に閉じ込められた日々

最初に担当することになったのがサイクルコーナー、いわゆる自転車売り場だった。

当時はマウンテンバイクが流行《はや》りだしたころである。このサイクルコーナーにはこだわ

りがあり、マウンテンバイクの比率を圧倒的に高くして、従来の自転車売り場のイメージから脱却しようとしていた。1万9800円の自転車から35万円の特別仕様車まで、幅広く展示してあった。

この売り場には、私のほかに2名の女性パートが配属されていた。女性、しかも自分の母親と同世代の人たちと仕事をすることになったが、これが大変だった。

まだ23歳だった私は、子供扱いされるし、レジがあるから誰かが売り場に張り付いていなければならないのだが、パートだから大事なときにはいなくなっちゃうし、労働時間も短いからさっさと帰っちゃうしと、途方《とほう》に暮れることの連続だった。

幾度となく、パートさんたちとはぶつかり合ったが、息子と同じような若造の新入社員と鼻であしらわれるのが常だった。

それでも暇な職場で、平日などは朝からほとんどやることもない。お客さんなどめったに来ないので、レジの番人をしながら、動物園のクマのようにウロウロしていた。

土日には辛うじてパラパラとお客さんが来るものの、若い者には耐えがたいような、不自由な日々だった。ふと、これって〝ヒマ疲れ〟って言えるんじゃないかと思った。

## やがて今度は、インテリアコーナーを担当する

やがて、同じ雑貨部住文化用品係の中での異動があった。

今度はインテリアコーナーで、家具や絨毯《じゅうたん》、寝具を中心にした販売を担当することになる。

ここには、自分以外に女子社員が1人いた。さらに、やはりパートさんが6人ぐらいいた。女性が6～7人集まると、ご多分にもれず派閥というか、グループができるものらしい。グループ同士のいがみ合いも次々と発生するので、それを治めるのも私の仕事になった。例によって、私の母親ぐらいの年齢のパートさんもいるので、ひと筋縄でいかないことも多かった。

それでも、サイクルコーナーにいたときよりは、適度に体を動かす仕事もあるし、人数もそこそこいたから、レジから離れられないなどという状況からは卒業できた。だからここでは、ヒマ疲れなどということはなくなった。

このまま家具や寝具を売る仕事をしていけたら、楽しいだろうなぁと漠然とは思ってい

た。

でももう一方で、はたしてこれが大卒の人間のすることなのかと疑問に感じていた。

そんなとき、またしても店内異動が告げられた。

## ◎スーパーマーケットの花形、デイリー食品売り場へ

私には覚えはないのだが、どうやらサイクルコーナーで嫌気がさしていたころ、店内のアンケートで食品売り場への異動の希望を出していたようだ。

やはりスーパーマーケットは食品売り場がメインだ。男性社員の量も質も、青果、水産、惣菜《そうざい》、デイリーに集中的に配分されている。一方で、雑貨関連の部門にいると、その店の中心にいる気がしない。仲間外れにされた気がする。

そんなこんなで異動を希望し、その希望が叶い、もっとも過酷と言われているデイリー食品売り場への異動と相成った次第である。しかも忘れたころに。

インテリアコーナー担当のままでも良かったのになぁと、身勝手にも思わないでもなかった。

さて、そのデイリー食品売り場、デイリーとはよく言ったもので、牛乳、チーズ、その他乳製品、豆腐、生めん、漬物、練り物など、要は日持ちがしない加工食品をデイリーと呼んでいる。

デイリー食品売り場に移ってからは、朝は定時より早く出社し、開店時間の10時に間に合うように、黙々と品出しと陳列を行う。

私の担当は豆腐だ。全店の朝礼があったりすると、朝の品出しが間に合わないほど忙しかった。

## ◎豆腐をめぐり、奥さま方との仁義なき戦い

冷たいケースの前に陣取り、山積みにされたケースから、冷たくて重量感のある豆腐や牛乳をひたすら積み続ける。一心不乱に積み上げ続けるが、開店時間に間に合わず、店長にどやされながらも走り続け、積み上げ続ける。

まるで芸術品のように積み上げた豆腐のケースを眺めてひと息つき、暗くて狭いバックヤードで一服して再度売り場へ戻る。

ところがひと目見た瞬間、がく然とした。あの芸術品のように積み上げた豆腐ケースの

山が、まるで子供が遊んで散らかしたように、見事に崩れ去っていた。しかも、ほじくったような商品の減り方だ。

そうなのだ、売り場担当者は日付の古いものを早く減らしたいために前の方に積み上げる。当日入荷されたものは奥の方、豆腐の山の下の方に積み込む。

しかし奥さま方は、売り場担当者の戦術などとっくの昔からお見通しで、日付の新しいものをほじくり返してカゴに入れていく。だから、余計に散らかるわけである。

1日に何回も何回も売り場の積上げ作業をする。朝から晩まで、豆腐、豆腐、豆腐、豆腐。やがて日が暮れて、ようやく家路に着く。

小学校のころから一生懸命勉強して、受験戦争に打ち勝って進学校に進んだ。しかも大学まで出たのに……。スーパーマーケットの中では花形のデイリー食品売り場とは言え、はたして1日中豆腐の品出しばかりしていていいのだろうか？　当然のように、かなり悩んでいた。

## ◎組合の職場長になったころ、タイムカードの改ざんに気づく

給料は結構安かった。大卒の2年目で手取り15万円くらいだ。これではアパートを借りて、飯を食っていくことなどできない。それでも残業代がついた。それで少しは補えるはずだった。

それなのに、〝あれー、なんだか少なくないか？〟、何かおかしい。少なすぎる。給与明細を見るたびに、いつも疑問に思っていた。

しかしあるとき、発見した！　マネージャーが、打刻されたタイムカードの時刻をコンピュータ上で訂正しているのを見つけた。よく見ると、各売り場のすべてのマネージャーが、コンピュータ上のタイムカードの退社時刻の訂正作業をしている。

マネージャーたちは、いつも難しそうな顔をして、コンピュータの前に座り、さも難しそうなことをしていたが、実はなんのことはない、タイムカードの改ざん作業をしていたのだ。

タイムカードはコンピュータ管理なので、データの書換えは容易である。これが、カー

ドにガチャンと印字するタイプだったら不可能なことだった。コンピュータ管理だからこそ、ちょこちょこと手を加えることができたのだ。

だから、食品部は40時間、雑貨部は30時間、衣料品部は20時間と、見事に秤《はかり》で計ったように、押しなべてその残業時間内になっていた。

ちょうどそのころ、私は組合の職場長になっていた。その組合の職場長などの集まりのときに、「サービス残業のある職場の方、挙手願います」と挙手を求められた。当然のようにさっと手を挙げたのだが、手を挙げたのはエリア内の10店舗の職場長のうち、私だけだった。

何か嫌な予感がしたが、実際に改ざんの現場を見ているだけに、手を挙げないわけにもいかなかった。

それからというもの、店長からの風当たりが強くなった。―そうか―、組合の理事長から店長の方に、サービス残業の是正要求があったようだ。

## ◎このことだけが、辞める動機になったわけではないけれど

当然、店長は面白くない。私が手を挙げなければ、組合の理事長はタイムカードが書き換えられているなんて知らなかったわけだし、店長も自分たちの都合のいいように、タイムカードを書き換え続けていられたのだから。

上司の不正があって、それを不正だと言えば、煙たがられて疎《うと》まれる。大きな組織の中では、正義が正義として通用しないことも結構ある。

余計なことに目をつむり、そして仕事で頑張って、多少豆腐の積込み作業が早くなって、それが多少なりとも評価されて……、でもそれが、はたしてどうなのだろう。なんの意味があるのだろう。それをやるのが自分でなければならない理由はなんなのだろう。兆のつく大企業が君臨するスーパーマーケット業界にいたのでは、自分は一つの歯車でしかない。そしてその歯車は、いくらでも交換だって補充だってできるのだ。

そう言えば、あの書類選考やペーパーテストはなんだったのか？　ここへきてようやく

気づいた。そうか！　面接でろくに話もできないようなうつ状態の私を即決で採用したのも、その程度の人間でもいいと思ったからにほかならない。そんな状況でも勤まるような仕事なのだ。

マニュアル、分業がしっかりできている大企業、とりわけ流通業界などでは、ただ黙々と不満も言わず、朝から晩まで豆腐を積み上げ続ける人材で良かったのだ。

だとすれば、ここは私の居場所ではなかった。外資系の製薬会社を辞めるとき以上にさばさばとして、次の仕事を探すことにした。

# 第4章

# スーパーの店員の次はOA機器販売

## 社員10人ぐらいの会社へ片っ端から電話をした

リクルートの『B-ing』で、営業職を募集している会社を探した。それまで勤めた大企業にうんざりしていたので、社員10人程度の会社を選んで応募のための電話を入れた。まだバブルの余韻《よいん》が残っていたので、どこへ電話してもフレンドリーでウエルカムだった。

パナソニックのOA機器を販売するディーラー企業との面接では、人事や採用の担当者ではなく、社長が直接、面接官として対応してくれた。

中小企業としては当たり前のことだが、社長の顔も見たことのないような大企業でしか働いたことがない私にとっては、ものすごく新鮮で、刺激的だった。そしてそこへと転職を決めた。

その会社には、社長だけでなく、社長の奥さんも働いていた。それにも結構びっくりした記憶がある。今では当然のように思っているが、中小企業というのは家族経営の延長だということを理解したのもこのときだった。

そしてもう一つ驚いたのが、パナソニックからの2名の出向社員がいたことだ。そもそも出向というシステムそのものを知らなかった。だからなぜ、よその会社にまで来て、机を並べて同じ仕事をするのか不思議だった。

## ◎これが中小企業なんだと、改めて納得

パナソニックとしては、余剰人員をディーラーに送れば、自社製品をエンドユーザーに直接売ることができるし、ディーラーが他のメーカーの商品を売るような浮気をすることもないし、というところだろう。まあ、でも10人のうち2人も、出向の人がいるのは過剰なような気がしていた。

そして他の社員はと言うと、奥さんを入れて女性が３人いた。昼間は、営業の男性社員がみんな出て行ってしまうと、女性ばかりになる。世間話に花が咲いて、和気あいあいとしていた。

営業部長と営業課長は共に40代で、直行直帰を繰り返しながらバリバリと営業するタイプだった。今まで私が働いていたような職場にはいなかったタイプで、とってもカッコ良かった。

そしてここには、大企業にいたときには感じられなかったダイナミックさがあった。１件売れれば、みんな大騒ぎで、会社中が浮足立ってバタバタする感じだった。

それでも、いつも社長がキッチリと、にらみを効かしている。社長の存在は絶対で、誰もそれには逆らえない。そんな雰囲気がひしひしと伝わってくるような職場が私の転職先だった。

## ◎初の受注も、次の受注も、その次の受注も、社長のおかげ

最初の営業の仕事は、社長の知合いの人のご紹介で、ご近所の大工さんにビジネスホン

を売る仕事だった。社長に同行して営業に出かけたが、初めて行くのに、すでに見積り書持参だった。商談もしていないのに、すでに買ってもらったかのような話で、どこに何台設置するのか、いつ工事をするのかまで決めてしまった。はたしてこれが営業なのかと戸惑いながら、わけもわからずに、ただただ商品を注文して、工事を発注した。

ビジネスホンを設置する日には、そのような工事も初めて見るので、作業着を着てお手伝いに行った。手伝いのふりをして、ただ横に突っ立っていただけなのだが、私の初受注？の新しい電話機が大工さんの事務所に設置された。

嬉しかった。以前の製薬会社でも営業はしていたが、納品したことがなかったどころか、実際の商品を見たこともなかった。だから古い電話機が、機能のたくさんついた新しいビジネスホンに代わるさまを見て、とても嬉しかった。

でも私には、営業をしたという実感がなかった。だって全部、社長が決めてくれたんだから。

そして次の営業も、その次の営業も、社長との同行販売だった。要は、社長のカバン持ちだ。

私は営業先でも、名刺交換時以外は、一切声を発しないままだった。ただ社長の隣に座って、笑顔で相槌《あいづち》を打っているだけだった。

## ◎それでも友人の父親が経営する会社に売り込んだ

でも、受注すると私の名前で伝票が流れる。私が工事の段取りをする。客先に打合せに行く。工事に立ち会う。もう受注後の流れはよく分かった。リースでも現金でも割賦でもなんでもこいっていう感じだった。そうすると会社での私の評判が上がってきた。悪い気はしない。でもなんだか素直には喜べなかった。受注できたのは、１００％社長のおかげだった。

パナソニックのビジネスホンは性能が良くて、私も商品に惚れ込んだ。これは知合いの人に使ってほしいと本気で思った。だから友人の父親が経営する印刷会社に営業することができた。

医薬品の営業しか知らない私が、友人の父親という関係とは言え、単独でビジネスホンの営業をしたのだが、今思うと営業になっていたのかどうか分からない。でも友だちのよしみなのだろうか、無事契約と相成った。これでかなり自信がついた。

### ◎今度は、ＯＡ機器の販社の担当者と同行営業

変な自信はついたのだが、実際のスキルはまったく身についていない。そんなところにもってきて、ファクシミリを中心に、ワープロとかパソコンを売るように上司から言われた。

実は、出向で来ている社員さんたちは、電話機の松下通信からではなくて、ナショナルＯＡシステムというＯＡ機器の販社からの方々だった。そしてそのＯＡ機器の販社の担当者が、週イチでハッパをかけにやって来る。そして私と同行営業をすることになった。

ＯＡ機器の販社の担当者は、朝9時ごろにやってきて、夜6時までの間に、1日10軒くらい回っていただろうか。その間、車の中などで、社会人としていかにあるべきかを懇々《こんこん》と教えていただいていた。

たぶんＯＡ機器の販社の営業マンは、甘ちゃんのくせに、変に自信過剰な私を見ていられなかったのだろう。営業の先輩として、セールスの仕方などを、一つひとつ丁寧に教

わった。

## なんなの？　ダイナマイトローラー大作戦って

ある日、ＯＡ機器の販社が音頭《おんど》をとって、『ダイナマイトローラー大作戦』実施と相成った。

ローラー作戦って何？　要は１日中、全営業マンと担当者で、飛込み営業をすることのようだ。じゃあ、ローラー作戦にダイナマイトってついているのはなぜ？　聞くのも野暮《やぼ》なので、受注できるようにダイナマイトのような爆発物を仕掛けるという意味だと勝手に解釈していた。

ＯＡ機器の販社は、ロゴ入りのボールペンやら定規やらメモ帳やら、ありったけの粗品を持って来た。そして狙いは小さな町工場が並ぶ工業団地だった。

名刺と粗品とカタログを紙袋に詰め込んで、片っ端から１軒１軒飛込み営業をかける。最初は足が震えて、声も上ずっていた。

営業と言うにはあまりにもひどいものだったが、午前中いっぱいやると慣れてくる。ほとんどの場合は、受付のお姉さんのところで玉砕するのだが、根性だけはついてきた。夕方までに30軒くらいは回っただろうか。ほとんどが門前払いだったが、そのうち、2、3軒は話を聞いてもらえた。

このように話を聞いてもらえたところでは、自分たちの提案に興味を持ってもらったと錯覚した。

当然のように報告書には、買ってくれる可能性が高いという意味のランクAと堂々とつけた。そして翌日には、見積り書を持って出かけて行ったが、話は決まらなかった。

まあ、それが当時の『ダイナマイトローラー大作戦』だった。今思うと、あれは単に根性を鍛えるためのイベントにすぎなかったように思う。

毎月1回はやっていたので、いつの間にか怖いもの知らずにはなった。

※ ローラー作戦：道路舗装で路面を真っ平らにするように、もれなく徹底的に訪問するような営業活動、シラミ潰し作戦のこと

## ◎こんなところにあった、新人を売れる営業マンにするコツ

ナショナルのＯＡ機器の販社の担当者も何度か代わった。

ある担当者は相手の信頼感を得るのが上手な人だった。そのときのタイミングもあったのだろうが、私は１カ月間に12台のファックスを販売したこともある。と言っても、実際には同行したＯＡ機器の販社の担当者が営業して、私は横に座っていただけなのだが……。

それでも例によって、社内での評価はうなぎのぼりに上がった。ナショナルのＯＡ機器の販社に呼ばれて表彰されたこともある。その実績を、私はさも自分の実力のような錯覚を起こしていた。

その後は、なぜか自分１人でも多少は売れるようになった。今思うと、体が、頭が、営業慣れしたのだと思う。勝ちグセがついたのかもしれない。

これだけ売上げ実績をつけてもらうと、錯覚を超えて自信がみなぎってくる。自分のトー

クにも迫力が出てきたように思う。そして焦らなくなり、相手の話を1時間でも2時間でも、聞いてあげる余裕も出てきた。

売上げをつけてあげること。ひと言で言えば、これが新人の営業マンの教育には、一番効果的な方法だと思う。売れるプロセスを何度も踏ませて、本人の名前で受注伝票を起こさせ、自分の実力だと錯覚させて自信をつけさせる。これが一番いい方法だと、今でも強く思っている。

私はここで、本当にいい経験をさせていただいたと感謝している。私自身のみならず、私の今の会社の営業マンの教育に、この法則を使わせていただいている。これがなかったら今の私の会社はないと断言できる。

# 第5章

# 再度の転職で、印刷会社の営業マン

## 些細なことで、モチベーションが急低下した

パナファックスを、神奈川県内の中小企業に販売し続けていた。その仕事にも慣れてきて、楽しくなってきたころ、なぜか社長が、新たに営業マンの募集を始めた。

その募集広告を見てビックリ、給料が30万円からとなっていた。

えっ、30万円以上？　私が26万円で、入社以来昇給なんてないのに？　そんな私のような仕事を覚えた社員でも26万円なのに、新入社員には、なんで30万円以上なの？

社長に問いただしても、明確な回答が得られない。何回か問いただすが、やっぱりなんだかわからないし、私の給料も上がらない。求人募集も30万円のまま続いていた。

せっかく営業が楽しくなってきたのに、急激にモチベーションが下がってしまった。

家内制手工業の延長のような中小企業にはありがちなんだろうが、すべてが社長の一存で、思いつきのままに社員を扱うような企業体質に嫌気がさしてきた。

次に転職した印刷会社でも、同じように家内制手工業の宿命とも言える体質に翻弄《ほんろう》されることになるが、このときはまだワンマン社長の特異な性格が、社員への対応に現れていると思っていた。

## ◎友人の誘いで、印刷会社の営業マンになる

中学の同級生で、父親の印刷会社を継いでいる友人がいた。

先に書いたように、その友人の会社には電話機を買ってもらっていた。そう、社長との同行販売やOA機器の販社からの派遣スタッフとの同行販売ではなくて、自力で販売した最初のお客さんがこの印刷会社だった。

彼と、しばらくぶりに会ったら、自分の印刷会社のビジョンも持っていて、楽しそうに話してくれた。でも、そのためには、越えなければならない旧態依然とした古い体質もあ

るし、これを変えていかねばならないとも話していた。

ある日、「一緒にやらないか?」と、友人から誘いがあった。今、家内制手工業から企業への変革を迫られていると言う。彼の話を、改革者、変革者の１人として、その印刷会社で働いてほしいということだと理解した。

少し考えたが、やってみようと思った。今のＯＡ機器の販売会社には、給与の面での理不尽さを感じていた。それもあって、何かにつけ納得のいかないことが増えていた。

さらに、自分には何かやれるという自信もあった。すでに一時期に罹ったうつ病からは、完全に回復していた。営業成績も上がっていたので、自分の営業力を異業種で試してみたいとの思いもあった。そしてもう一つ、甘えもあった。

友人の会社であるがゆえに、待遇面でも優遇してもらえるのではないかといった甘い期待もあった。

## ◎中小印刷会社特有の、聞きしに勝る体制と体質

さて、印刷会社に入社して驚いたのは、多くのパートさんがいることだった。主にご近

所の主婦の奥さんたちだ。良くも悪くも和気あいあいとしていた。

パートさんは扶養控除範囲内の年間１００万円以上は働けない。だから印刷会社にとって一番忙しい12月になると、一斉に来なくなる。仕事は山積みなのに、人はパラパラ状態になる。

しかも会社側の考え方は、これはいいことかもしれないが、主婦の方たちに働いていただいているという意識が強い。それぞれの主婦の方々のご家庭のご事情でお休みになられるのも、やむをえないと思っている。そのしわ寄せは、当然のように正社員にきていた。

そして次に驚いたのは、多くの個人事業主の外注さんがいることだ。

外注さんの都合で、納期や価格が左右される。しかも、デザインや組版など特殊な作業が多く、納期や価格で折合いがつかないことも多い。だからと言って、他の外注先には簡単には切り替えられない。

元請けの印刷会社でありながら、受注先のクライアントだけでなく、パートさんや外注先にも気を配って仕事をするという体質であった。四六時中、気の休まる暇がなかった。

## ◎中小印刷会社の営業マンの過酷な1日

さらに営業担当者の負担がものすごく大きい。今までに経験した営業では、発注書にハンコをもらってくるのが営業の仕事だと思っていた。

この業界ではそうはいかない。印刷の工程、紙のこと、外注のこと、デザインのこと、ありとあらゆることに関する知識は、当然のように持っていなければならない。

見積りは、営業マン自身が自分でするものだ。パソコンで自動計算できればいいのだが、そんな便利なシステムがない時代でもあったから、いちいち電卓を入れて、さも難しい仕事をしているかのようなしかめっ面をして見積り書を作るのが、営業の主な仕事の一つだった。

販売価格が決まっている商品を売ることでも大変なのに、値付けから始めなければならない。

値段をつけることが、こんなに大変で厄介な仕事だとは思ってもいなかった。だから古株の営業マンは、見積りができるというだけで、大威張りという状態だった。やがてはエクセルなどの表計算ソフトも使えるようになるのだが、それでもクライアント側だけでなく、外注先とのすり合わせもあって、苦労は絶えなかった。

## 24時間休みなしが印刷所の営業マン

前段階だけでもこれだから、いざ仕事を受注したとなると、盆と正月が一緒にやってきたような喧騒《けんそう》となる。

デザイナーさんに頭を下げて、無理を承知で仕事を持って行って、説明して押しつける。後日、できたデザインデータをとりに行く。その足で製版業者のところへ行き、頭を下げて無理やり仕事を押しつける。

さらに、できたものをとりに行くころには真夜中になっている。

こんな時間に行くのは自分ぐらいかなと思っていると、他の印刷屋の営業も来ていることがある。印刷業界そのものが水商売と同じように夜の仕事だったんだと、今さらながらに感心していた。

とりに行った製版を自社の印刷部門に持って行く。これまたお願いと、同じ会社の従業員なのに頭を下げて依頼する。

いったい、印刷物ができあがるまでに、何度頭を下げているのか？　なんでこんなに卑屈にならなきゃいけないんだ。元請けなのに、下請けの方が威張っている。会社のために仕事をとってきたのに、自社の社員にまでペコペコしなきゃならない。

そもそも、これって営業なの？　疑問だらけの日々が続いていた。

## ◎営業マンって、孤独な闘いを強いられ続けるものだ

できあがった印刷物を、自分の営業車に積み込んで納品に出かける。

１０００枚ずつなどに包装された束を、崩れないように互い違いに積み込む。いかにしてひっくり返さないように、車から納品場所まで運ぶのかも、印刷会社の営業マンのテクニックだった。

不器用な私は、幾度も台車をひっくり返して、納品先で印刷物をぶちまけてしまった。紙の束って、想像以上に重たいものだ。腰痛持ちの私には、この納品作業がとても苦痛だった。

しかもエレベーターのない建物への納品も数多くある。数キロの紙の束を抱えて階段を

上る。それも多いときには数十回も上り下りを繰り返す。真冬でも汗びっしょりになり、過酷な作業で膝や腰を痛めた。

1人で幾度も階段を上り下りして、やっとの思いで納品作業を終えると、もう営業どころではなくなる。

ある日、体の調子が悪く、この納品作業を運送会社に委託しようとしたが、それが会社側には単なる不精だと思われてしまったようで、却下されてしまった。一方で会社にはエアコンの効いている場所で、仕事をしている社員が大勢いた。

自分はたった1人でギックリ腰になりながら納品作業をして、外注先に頭を下げて、社内のデザイン部門にも頭を下げて、印刷部門にも頭を下げて、もちろんクライアントにもペコペコ頭を下げて、夜遅くなってようやく帰って来ても、誰もいない。

若かったのだろう。私は言葉にならないような絶望感と、不公平感にさいなまれていた。

## ◎このころにはすでに、自分は営業のプロだと考えていた

この会社の体質として、市役所や区役所などの公共事業の受注が大半を占めていた。こ

こから脱却するのが課題だった。そのような背景もあったので、私とは友人関係もあったから、営業のプロだということで声をかけられた。

横浜市の行政区に新たに都筑区、青葉区が加わることになった。その新たな二つの区に所在する企業は、名刺や封筒、カタログなどを作り直さなければならない。

私は、そこに需要ありと見込んだ。ダイレクトメールを送って、飛込み営業をした。オフィスにＯＡ機器の営業マンが飛び込んでくることはあっても、印刷会社の営業マンが飛び込んで来ることは皆無な時代だった。さらに今まで使っていた印刷会社に満足している企業も少なくて、次々と新規の仕事がとれた。

この作戦はいけるということになり、ダイレクトメールを送ってから飛込みで営業をかける仕事を、何年も続けた。

営業のプロという触込みで呼ばれた私だったが、飛込み営業は得意ではないし、ましてや印刷という他社との差別化が図りづらい商品だった。さらに売り込んだ先のクライアントの方も、印刷のことなどほとんど知らないわけだから、説明するのも難しかった。

それでも営業のプロだと思われてこの会社に来てしまったからには、実績を出さなければならない。思ったような実績が出ないときは、朝は7時前に出社したり、夜も12時過ぎまで仕事したりなど、勤務時間と行動量を増やして新規の受注に取り組み、なんとか辻褄《つじつま》を合わせていた。

## ◎やはり同族会社には、相容れないものが残っていた

ちょうどこのころ印刷業界は、製版業者を使うアナログの印刷から、マッキントッシュを使うデジタルの印刷方式に変わろうとしていた。

それに乗じて、会社の体制も変わっていき、パートさんたちの数も減っていった。デザインや組版をやってもらっていた外注さんとの取引も減っていって、正社員だけでデザインを内製化し、見積りにはパソコンのシステムを使うようになるなど、目覚しい変化を遂げていた。

家内制手工業から中小企業へと変革を遂げるチャンスだった。

古株の社員もほとんどいなくなった。やがて経営者の家族以外の役職者は、私だけになっ

てしまった。それでも、社長の息子の専務とは中学の同級生だし、自分は唯一の役職者だし、自分も会社側の人間だと思っていたのだが、ある日を境に状況は一変する。

ある月曜日の朝、営業部の唯一の部下は総務へ転属となり、営業部は私１人になったと告げられた。当然、専務や社長などのトップセールスは続けられるが、それ以外はすべて私１人でやれと言う。

仕事の総量が多すぎるのも問題だったが、それ以上に、事前になんの相談もなく、自分の持ち場をいじられたのが面白くなかった。

## ◎洗濯機の輸入会社から声をかけられ、再度転職

いつどこで、どうやって決まったのかを問いただしたが、役員会で決まったとしか答えない。

それって単なる家族会議じゃないの？　外から見るとシステマティックに変貌しつつあった会社も、中身は家内制手工業の同族会社の延長でしかなかった。

マックを使ったデジタル化によって外注先は減ったが、それでもやはり営業には工程管理がつきまとう。引き続き、社内のデザイン部門や印刷部門へのお願い活動は続いていた。

戦略的な営業を考える時間などほとんどなくて、クライアントのところと現場部門を忙しく行き来する営業マンの立場は、いつまで経っても変わらない気がした。

がむしゃらにやってきただけに、それまで会社に尽くしてきたつもりであったが、精も根も尽き果てた感覚があった。まだまだやりたいことは山ほどあったが、同族会社の弊害に翻弄《ほんろう》されながらの遂行は困難を極めていた。

そんなときに、その後の私の人生に大きな転機をもたらす、洗濯機の輸入販売を行う会社からの誘いがあった。実は、その会社のカタログ製作を、私が担当していたのだ。

これまでの印刷会社では、すでにやり尽くしたという思いも強かったので、なんの迷いもなく、洗濯機の輸入販売をする会社への転職を決めた。

# 第6章 私の人生を左右する洗濯機器輸入商社へ

## ◎期待されての入社だったが、入社前からドタバタ劇を演じた

洗濯機の輸入商社に入社を決めて、その会社にご挨拶に伺う。ここもご多分にもれず、同族会社だった。お父さんとお母さんと息子さんが常勤役員。非常勤役員もお母さんの弟さん。今思うと、この時点ですでに、同族会社の弊害は予想できたはずだった。

私に声をかけてくれた専務さんは私の四つ年上で、私とはほぼ同年代。だから話は合う感じだった。ここの古株の社員さんも専務と同い年なので、この人もまた、私より四つ年上程度だった。

この会社にとっても当面の課題は、社内改革と営業活動の刷新だった。改革を期待され

ての入社は、私にとっても望むところだという意気込みだった。

ところが初出社までまだ何日かあったのだが、洗濯機の展示会の応援を頼まれた。印刷機の展示会には何度か行ったことがあるが、それ以外の展示会なんて初めてだった。しかも営業の手伝いをしてほしいということだったから、商品の基礎知識くらいないとまずいはずだ。

それでも、何人も行くことになっているそうだから、私は単なる雑用係だろうと思って、軽い気持ちでＯＫした。


さて、その当日、朝になったのに起きられない。う〜ん、実は前日、前職の印刷会社で送別会をやってもらった。その送別会で意識がなくなるほど酒を飲み、泥酔状態のまま寝てしまったのだ。

辛うじて、ぎりぎりの時間で待合せ場所にたどり着いた。朝飯どころか、ひげも剃らずに出てきてしまった。

さらに会場の名古屋までの新幹線で、新しい会社の営業さんにレクチャーしてもらったのだが、二日酔いもあってチンプンカンプンだった。でもまあ、いいかーで、初仕事が始まった。

## ◎見るもの聞くもの、初めて尽くしだった大型洗濯機の話

さて、会場に到着、新ビジネスの紹介が開催趣旨の展示会だった。でも、洗濯機の輸入商社が、なんで新ビジネスなの？　今いちピンとこない状況のまま、展示会が始まった。目の前にコインランドリーのブースがあった。コインランドリーって、学生さんたちが使う、あれでしょ？　わけも分からず聞いてみたが、そうではないらしい。主婦が使える大型のコインランドリーだそうだ。

そんなの見たこともないし、カタログには25キロの洗濯機もあるとか書いてあるけど、ホテルや病院以外で、そんなの使えるのかねー。業務用乾燥機もあるらしいけど、洗濯したあとは、干せばいいだけじゃん。これがそのとき感じたコインランドリービジネスの感想だった。

これが大型コインランドリービジネスに触れた最初の瞬間だったが、まさかこの洗濯機や乾燥機が、私の人生を左右するなんて、夢にも思わなかった。

途中から分かったことだが、このブースは、私が勤めることになった輸入商社から洗濯機を仕入れて、コインランドリーを展開しているフランチャイズの本部が出展しているブースだった。

私たちはその応援に駆り出されていたのだ。

少しは状況が飲み込めてきた。オープンと同時に、展示会場には人が雪崩れ込んで来た。思いのほか、このコインランドリーのブースにも人が来た。

ほかにには、写真の現像ショップを紹介するブースが賑わっていた。当時はデジカメがなかったから、写真の現像窓口も小資本で始められる新規事業だった。

でも、今ではフィルムの現像の仕事なんて皆無に近い。あのとき、写真現像の取次店を始めた人たちは、その後どうなったのだろうか。

## ◎そして、全国行脚が始まった

さて、私はあくまでブース前でのチラシ配りと客引きをしていた。無精ひげを生やし、二日酔いで、さらに商品知識も皆無なのだから、そんな私に相応しい仕事だった。

それでも後ろの方から、漏れ聞こえてくる話が気になる。聞かずもがなに聞いていると、どうやら農家の方や、不動産業者さんや、建築会社さんの人たちが多いらしい。みんな熱心に話を聞き、質問したりしていた。

でも、大型のコインランドリーって言ったって、見たこともないし、聞いたこともなかったんじゃないの？　その業務用の大型洗濯機を輸入している商社の、新入社員の私でさえ知らなかったんだもの。せめて大型コインランドリーのお店の写真くらいないと、イメージも沸かないよねと思っていた。これが私の大型コインランドリーとの出合いだった。

私が入社した会社の商売は、大きく分けて二つだった。一つは、クリーニング業界へ向けて、ヨーロッパ製のドライクリーニング機を安価で商社へ卸すか、クリーニング店に直販する。

もう一つはコインランドリー業界のフランチャイズ本部へ、アメリカ製の業務用洗濯機と乾燥機を卸売りすることだった。

まだまだ未開拓な地域や客先があった。特に地方はその傾向が強く、全国津々浦々へ出張して、取扱い商品を紹介していくことになった。

私は、北海道から東北エリア、そして関西を担当した。

## ◎地方で大歓迎された、都会からの訪問客

月に一度か二度は、地方への出張だった。このころは、どこへ行っても大歓迎されて、話を聞いてくれた。そして、いろいろと聞いてくる。

東京では何が売れているの？　他の地方でも売れているの？　どこに売れているの？……

今では、そんなことはあまりない。インターネットの普及で、情報が瞬く間に拡散して、営業マンから得ていた売れ筋情報なども必要なくなった。優秀な営業マンとは、常に的確な情報伝達者でもあったのだが、その役割もなくなって、単なる御用聞きになってしまったような気がする。

下手なことを言ってしまうと、先方の方が最新の情報を得ていたりするので、大恥をかくことも増えたように思う。

そんなこんなで営業マンの、訪問先での滞在時間がすごく短くなったようだ。伝えるべ

き新しい情報もないので、話も単刀直入になった。だから会っていても面白くもない。それだったら営業マンは誰でもいいことになる。

この人だから買いたい。この人から買いたい。そのような購入動機が希薄になった。

そうなると商品価値での勝負一辺倒になる。機能の差別化による勝負ができなければ、値引き競争、値段の勝負だけだ。当然、利幅は少なくなっていく。

ただしこの当時はありがたいことに、インターネットやスマホなんて、まだ普及していなかった。

そのころは、東京や横浜からお客さんが来たってことだけで、おもてなしがあった。まだ商売が成立したわけでもないし、こっちは売り込む側なのに、真夜中まで繁華街をハシゴして、ご馳走になったことも多々あった。

それほど昔のことでもないのだが、営業マンにはありがたい、平和な時代だった。

## ◎コインランドリー大手フランチャイズ本部の担当になった

コインランドリー業界の場合、業務用洗濯機などはフランチャイズの本部への卸売りが主だった。

当然、フランチャイズ本部へは幾度も訪問するのだが、その先のコインランドリーのオーナーさんに会うことなどは稀だった。

相手がフランチャイズの本部では、ビジネスライクに値段交渉と納品の段取りの打合せだけで、少し味気ない思いをしていた。そんなときに、当時はまだ専務だった社長の担当していた、横浜にあるフランチャイズ本部を引き継ぐことになった。

実は、社長の海外出張中にトラブルがあり、誰かが訪問して事情を説明しなければならない状況が発生したときに、たまたま電話をとったのが私で、成り行き上、私が出向いて火消しをしたことがあった。そのときの迅速な処理に、先方も好感を持ってくれたようで、そのまま私が担当することになった。

## ◎フランチャイズ本部の仕事のすべてを知ることになる

このフランチャイズ本部を担当したことが、その後の私の基礎を作り上げたように思う。

フランチャイズへの参加を促すダイレクトメールや電話営業、各地方で事業説明会を開催して見込み客の発掘作業をする。営業マンが最適物件を見つけて来て、発掘した見込み客のコインランドリー開業希望者へ紹介する。

そして、カリスマ営業マンでもある社長が開業希望オーナーの決意を促し、クロージングする。

業務用洗濯機などの機器の納品、店舗内装工事の手配、オープニングセールの指導と応援。その段取りと進行には、一連の流れがあった。


私は、この会社の会議に出席したり、機械の搬入工事に立ち会ったり、オープニングセールに立ち会ったりと、要所要所でこの会社のスタッフであるかのような動きをしていた。

当然、この会社に重宝がられ、この会社での機械の仕入れのシェアは高まっていった。

ときには納品した機械のクレーム対応のために、コインランドリーを開設したオーナーのところに、カリスマ社長と同行したこともあった。

クレーム対応では大変辛い思いもしたが、大変いい、貴重な経験だった。


当時のこのカリスマ社長さんのようなクレーム対応を、私もつい先日経験することになったが、そのときに頭に浮かんでいたのは、このカリスマ社長の誠実な対処法だった。

このカリスマ社長とは、夜の繁華街にもご一緒して親交を深めていた。朝から晩まで寝る暇もないほど働くような仕事漬けの生活ではあるものの、大きく仕事がとれたら豪快に遊ぶ。それを私も体感させていただいた。

## ◎やがてマンマチャオへと向かう、ひと筋の道

それだけではなく、そのフランチャイズ本部の何人かのスタッフと一緒に、コインランドリーの本場、アメリカのメーカー訪問とコインランドリーの店舗見学に行った。これもいい経験になった。お客さまを連れての海外研修は、双方にとって有益であると強く感じた。

当時は、このようなコインランドリーのフランチャイズの本部へ、輸入した業務用洗濯機を卸す商社勤めだったから、このカリスマ社長の会社のような企業が、他の地域にもあるのではないかと思って、次々と見つけだして電話を入れた。さらに幾度も訪問して売込みをかけ、やがて初受注に漕ぎ着けた。

この新規に取引を始めた会社とも情報交換を続けて親交を深めることになる。その後、この会社の営業部長が独立して、新会社を起こすことになるのだが、10年以上経った今で

もお付合いさせていただいている。私にとっては、このコインランドリー業界の良き先輩である。

横浜にあるフランチャイズの本部さんと、関西にある業務用洗濯機器の販社さん、そして東海地区にも小ぶりではあるがフランチャイズの本部さんがあって、この３社を軸に、私は営業活動をしていた。それ以外にも、クリーニング機械の業界団体に属する各エリアの有力な会社には足繁く通い、それぞれの会社が主催する展示会には、機械を出品させていただいたりもした。

仕事にも慣れてきて、売上げもどんどん上がってきて、各エリアに親交の深い社長さんたちがいて、すごく充実していた時期だ。出張続きで家に帰れない日も多かったし、平日だけでは処理できないほどの仕事量だったが、毎日が充実していて、楽しくて仕方なかった。

私服のラフな格好だったが、土日も事務処理のために会社にいるような毎日だった。

## 第7章
# やはり、ここまでくると起業するしかなかった

### ◎またしても勤務先への不満とモチベーションの低下

仕事が楽しかったのも束の間、会社への不満が出てきた。このあたりも、今思うと大したことでもなかったたし、短気は損気だったような気もする。

私の営業スタイルは、お客さま第一を心がけていたのだが、私の勤める会社は、すべてにおいて利益重視を追求し続けていた。カッコ良く言えば、私の営業マンとしてのポリシーと相容れなかったと言える。

今では、あの当時の自分が、いかに甘かったのかは痛いほど分かる。

当然のように会社は、営利団体であって、ボランティア団体ではない。利益があるからこそ事業も継続できるし、顧客へより良いサービスも提供できる。

そのような単純なことが、当時の私には理解できなかった。

単純にも私は、お客さまの満足を追いかけてさえいれば、当然のように利益が上がると思い込んでいた。自社の商品を買っていただいたお客さまのところへは、多少遠くても足繁く通いたいし、お世話になっているのだから、年に数回の居酒屋での食事代くらいは負担したい。

しかし会社からは、出張には交通費や宿泊費がつきまとうし、さらに飲食代までは面倒を見られないと却下された。

## ◎徐々にまた、転職の虫が騒ぎ出した

経費がかかりすぎると言われれば、分からないでもないが、出張などの営業活動へのモチベーションが下がり続ける。こんなことの繰り返しだった。

そんなことや、ここには書けないようなこともいろいろあって、徐々に営業活動が投げ

やりになってきた。ついつい気心の知れたお客さんにはグチをこぼすようになる。そうすると、「だったら、うちへこないか?」と、そのお客さんからスカウトされる。そんな先は数社あった。それも気分が良かった。自分がいっぱしの営業マンとして認められていて、どこの会社にとってもほしい人材だと言われているような気がした。

嬉しかった。フットワークの良い営業活動、情報を与えることのできる営業活動、力仕事が必要なときは一緒に汗を流すような営業活動。それを一生懸命やってきたことが認められているように思えた。

例によって自意識過剰気味のプライドと、思い通りにならない勤務先への不満が複雑に絡み合って、転職を考えるようになっていた。

ただし今度転職すれば、５回目の転職となる。どこへ行っても長続きしない奴と思われるのも癪《しゃく》だった。

## ◎日本への販路を持たない洗濯乾燥機専門メーカーの存在を知った

私たちのような商社は、いかにローコストで商品を調達できるかが、大きなキーポイントとなる。このとき私の勤めていた会社は、輸入発売元で、仕入れ価格の圧倒的な優位性を持っていた。

輸入元とも言えるこの会社に、何十社もの地域の代理店がぶら下がっていた。輸入元である私の勤める会社よりも、はるかに大きい会社も数多くあった。

それでも独占的な販売権を持つ輸入元の会社を介さないと、商品が手に入らない。しぶしぶでも輸入元へと注文せざるをえない。


これが輸入商社のおいしいところだ。地方の代理店のお守りをして回れば、黙っていてもファックスで注文が流れてくる。そして月末締めの翌月末払いで、商品の代金が入金される。価格優位性のある商品を扱う営業活動はやりやすかった。

アメリカの機械メーカーの輸入販売が中心の、この会社で得たノウハウは、同じような機器を扱わないと生きてこない。

その当時は考えもしなかったが、そのアメリカのコインランドリー用の洗濯機器に特化して、輸入販売する会社を作ることができれば、同じような流れを作ることも可能だと、漠然とは考えていた。ただし、そのようなチャンスに恵まれることは皆無に近いことも分かっていた。

ところが、またまた勤務先に嫌気がさしはじめ、転職の虫が騒ぎ出したころ、アメリカのデクスターという洗濯乾燥機専門の老舗メーカーが、日本での販売ルートを持っていないことを知った。これこそ千載一遇の好機だと思った。もともと今の会社を辞めたいと思っていたものだから、退職して事に当たることに戸惑いもなかった。

## ◎デクスター社の特約店契約を得るために、夫婦でアメリカへ向かう

まずはデクスター社とメールでやりとりをした。まだインターネットがアナログの電話回線を使っていて、モデムで56Ｋのスピードのころだ。当時はメール一つ送るのにも5分くらいかかっていた。

幾度かのメールのやりとりのあと、何はともあれアメリカのアイオワ州にあるデクスター社の本社を訪問することになる。貯えもなかったので、渡米する費用は生命保険会社から借りた。

日本のコインランドリーマーケットのことや自分の考える販売戦略について、辞書を片手にパワーポイントで資料を作った。我ながら大したもので、約30ページの豪華版で

あった。

1人では不安なので、妻と2人で渡米した。シカゴからはプロペラ機でアイオワの空港まで向かう。アイオワの空港には、『Mr. Mihara』と書かれた画用紙を持って出迎えてくれた夫婦がいた。おそらく農家のご夫婦だろう。2人ともすごくでかい。車に乗せてもらうときにチップを渡したのだが、まったく笑顔もなく、挨拶もなく車に乗せられた。

コーン畑の間をすごいスピードで、しかもエアコンをキンキンにかけて、2時間ほど突っ走ってくれた。見渡す限り何もないコーン畑が延々と続いていた。あー、俺たち2人はどこかに連れ去られてしまうのか？　そう思ったころに町が見えてきて、ホテルへと案内された。

## ◎コミュニケーションはとれないが、パッションは分かる

部屋へ入ると、すぐに電話が鳴る。英語が得意でない私は、恐る恐る受話器を取る。どうやら相手は、デクスター社の担当の副社長らしい。

明朝、7時半に迎えに来ると言っていたことのみ、辛うじて聞きとれた。

車でホテルまで迎えに来てくれたのは、１００キロは優にあるだろう巨漢の副社長だった。デクスターの本社の自分の部屋へと案内してくれた。

そこには他の役員の人たちも呼ばれて、その人たち相手にプレゼンテーションをしたのだが、なんのことはない例のパワーポイントで作った資料の説明だ。書いてある英語を読めばいいだけなので、難しいことはない。

淡々と進めていくうちに終了し、ブラボーと拍手喝采された。はたして意図したことが伝わったのかどうか、それ以前に私の英語が理解できたのかどうか。それこそ何がなんだか分からないが、ともかく嬉しかった。

ここで当然、質問が始まる。次々と矢継ぎ早に質問される。が、しかし、彼らが言っていることがさっぱり分からない。質問に答える以前に、質問の中身、趣旨が分からなかった。

一方で彼らも、私の言っていることがまったく理解できないようだった。

やがて副社長が話をさえぎり、「君とはコミュニケーションはとれない」「だけどパッション(情熱)は分かったので、機械は出そう」と言ってくれた。

嬉しかった。ここはアメリカだけど、ここにも浪花節があるんだなと感激した。ここから私たちの起業の物語が始まった。

## 住まいだった3DKのアパートに、会社設立

「公務員になると言うから大学まで出してやったのに、そんなリスクの高いことを始めるなんて」と、母親が泣き出した。まずは両親に、会社を作るので資本金のための３００万円を貸してほしいと頼んだときのことだ。

親父も納得がいかないようだ。四度も転職を重ねてきた不肖の息子だから、親の気持ちもよく分かる。罵声《ばせい》の飛び交う家族会議だったが、なんとか親をねじ伏せて３００万円をもらってきた。

当時は有限会社を作るための最低資本金が３００万円だったので、少なくとも３００万円ないと法人登記ができなかったのだ。

さぁー、それからが大変だった。結婚したばかりの妻の母親の所へ、説明に出かけた。

「申し訳ありません。結婚したばかりなのですが、会社を辞めて起業することとなりまし

た」と私。「男だったらやるだけやってみなさい」と、義母は１００万円の束を二つくれた。なんとありがたいことか。こうして㈱マンマチャオの前身、資本金５００万円の㈲エムアイエスができた。

登記上の本店所在地は私の実家にした。本社は私たちの住む３ＤＫのアパートだ。だから事務所は６畳１間、商談テーブルは食卓兼用。まぁ、カッコ良く言えば、ＳＯＨＯと言うのだろうか？

会社を作ってみたのはいいが、机に向かって電話を眺めていても、まったく電話が鳴らない。やることもない。ただただ時間が過ぎる。

このままじゃ野垂れ死にするしかないから、今までの知合いに電話をかけて、アポをとって、ともかく訪問を繰り返した。とにかく動き続けないと、不安で仕方がなかった。

※ＳＯＨＯ：Small Office ／ Home Office の略、自宅など小さなオフィスで仕事をすること

## ◎初受注、えっ？　L／Cを開くのに担保がいるの？

もがくうちに、なんとかかんとか１件、注文がもらえた。

注文をもらったら機械を輸入する。メーカーにオーダーシートをファックスする。メーカーからプロフォーマインボイスがファックスされてくる。これを持って銀行へ行って、L／Cを開けばいいはずだ。

そのように理解していたので信用金庫に行って、

「L／Cを開きたいんですけど……」

「えっ？　いくらぐらい？」

「500万円くらいです」

「はあー？　あなたこの間うちで資本金積んで、会社作ったばかりの人ですよね」

「そうですけど」

「担保は？」

「それってなんですか？」

「ちょっとこっちへ来てください」

と、奥に呼ばれて、いろいろと説明された。

※プロフォーマインボイス：Proforma Invoice（出荷前の確認書）

※L／C：Letter of Credit（貿易決済のために銀行が発行する支払い確約書）の略

## ◎前金交渉、そして船は港を離れた

Ｌ／Ｃは、信用がないと開けないらしい。そんなことも知らないなんて、無知だったー。当然信用などないし、担保になるような不動産なんぞ持ってない。信用金庫さんにどうしたらいいのか相談したら、お客さんから先にお金をもらったらと言う。

えーっ、会社作ったばかりだし、信用もないのに、納めてもいない機械の代金なんて、先にくれるのかな？　ともかくほかに方法も見つからないので、半信半疑でお客さんに相談した。

そうしたら、お宅の会社を訪ねたいと言ってきた。さぁ、大変だー！　会社と言ってもアパートだ。でもまぁ、来てもらうしかない。仕方がない、ありのままを見てもらおうと思った。

当日、当然のようにお客さんを食卓に案内して、当然のように事務所の６畳間を見せて、ここが私の会社ですって説明した。

なんだか怪しいものを輸入しているブローカーと似たり寄ったりの雰囲気だ。大きなおなかの妊娠中の妻が、キッチンからカタカタとコーヒーを出す。

さてと、食卓で契約書を出す私。機械の代金の500万円を、まずは前受金としていただく契約になっている。お客さん、1分くらいじーっと契約書を見つめて、悩んでいる様子だった。

それでもハンコを捺してくれた。そして呟《つぶや》くように話しかけてきた。

「普通なら、この状態だったら、ここに私を呼ばないですよね」

「友だちの会社かなにかを見繕《みつくろ》って、そこへ案内するでしょうね」

「ありのままを見せてくれたんだから信用しましょう」

「お金を持ち逃げされることもないでしょう」

翌日には、お金が振り込まれ、メーカーに送金した。機械はコンテナに積み込まれ、船が出港した。それが私の会社の船出でもあった。

# 第8章

# 「なんで起業しちゃったの？」と融資担当者に言われた

## 何から何まで自分1人でやった、コインランドリー開設

なんとか初受注できて、無事に業務用洗濯機器の輸入に漕ぎ着けたものの、いざコインランドリーを作るとなると、これが大変だった。

たしかに前の会社でも、業務用の洗濯機器を輸入して販売していた。しかしそのときの主なお客さんは、全国の販売代理店だった。コインランドリーを開設する工事現場にも立ち会ったし、オープニングセールなども手伝ったが、それもせいぜい販売代理店の応援程度の顔出しだった。

それに、これは私だけでなく多くの営業担当者の場合は、契約のハンコをもらったら、それで一件落着だ。実際の業務用洗濯機器の工事に必要な知識や情報など、ほとんど持ち合わせていない。

でも今回はそうはいかない。コインランドリーを作り上げるまでが自分の仕事だ。前の職場ならば、技術部門に仕事を振って、あとは知らぬ存ぜぬでまかり通った。

しかし自分1人の会社では、仕事を振ろうにも、誰もいない。技術的なことも、総務的なことも、営業アシスタント的なことも、すべて自分1人でこなさなければならない。

社長兼、営業担当兼、技術担当兼、総務担当兼、運転手兼、雑用係なのだ。やはり組織で仕事をすることにはたくさんのメリットがあるわけで、1人ですべてをこなすことには無理があった。

頑張って、早く組織体制の整った会社を作ろう。そう思いながら、段取りを進めていった。

## 一つのことだけに、夢中になってもいられない

このときは同じ業界の方々に助けられて、なんとか最初のコインランドリーのお店もできあがり、オープニングセールも大成功だった。この経験と知識が、このあとの営業活動

に役立った。

お客さんから技術的なことを質問されても、自信を持って、的確な答えを示せるようになった。そうなると相手も、安心して仕事の相談をしてくれるようになる。

初めて一つのお店を作り上げることができて、満足感と達成感でいっぱいだった。この満足感と達成感は今でも、どのお店を作るときでも味わえる、この仕事の醍醐味でもある。

それでも喜んでばかりもいられなかった。お店を作ることに一生懸命だったこともあり、工事期間中にはまったく営業活動をしていなかった。

だからこのあと、またまた仕事がなくなってしまった。なのでまた、新規開拓のための電話営業とアポイントをとることから始めなければならなかった。


仕事が決まっても、アメリカに機械を注文して、横浜へ持ってくるだけでも1カ月はかかる。その後の工事で約1カ月間費やす。その工事が終わって、これでやっと請求書が出せる。

これでお金がもらえればいいのだが、リースだったりすると、入金はここからさらに1カ月以上あとになる。仕入れや外注先への支払いで、お金はどんどん先に出ていくが、売上げ金の回収は先へ先へとズレ込んでいく。

売掛金は増えるのだが、まるでアスファルトの道の逃げ水のように、追っても追っても、先へ先へといってしまう。

このときに得た利益は、サラリーマン時代には考えられないような金額だった。それでも、あっという間になくなってしまった。仕事をすればするほど必要経費が先に出ていった。これが事業というものかもしれない。

## ◎なんで起業しちゃったの?

会社を作って6カ月もすると、もうお金が底を突いてきた。なんでー? こんなはずじゃなかったのに……。そこでいつもの信用金庫に出かけた。

窓口で「お金を貸してください」と、おずおずと申し出た。そうしたら、いつものように次長さんが出てきて、奥へ呼ばれる。そこでやはり信用が必要だと言われる。前回のL/Cを開設したいと申し出たときと同じだ。

要は、保証人か不動産などの担保が必要だと言う。「そんなの無理です」とやはり前回の

Ｌ／Ｃの話のときと同じ返事しかできない。そうしたら商工会議所に行って相談してくださいと言われた。これもまた前回と同じで、次善の策を提示してくれた。

早速、商工会議所に行って説明した。これこれこのような事情で起業しました。これこれこのようにして輸入して、これこれこのように販売して……。それで、お金が必要なんですと説明した。

そうしたら担当の方が開口一番、「なんで起業しちゃったの?」。「大変でしょ。これからも大変だよ」「起業するまでに、もっと事業計画を煮詰めるべきだったんですよ」とお小言。「それでも起業しちゃったんだから頑張りましょう」と言ってくれた。

## ◎首の皮１枚でつながったような資金繰り

なんとその担当の方、ワタミの渡邉美樹社長をモデルに高杉良が書いた『青年社長』という本に出てくる信金マンなのだと言う。その本の中にも出てくるらしいが、無担保で８０００万円をワタミに貸したそうだ。

「じゃー、私にも貸してくださいよ」「そうは簡単にはいかないよ。時代も違うし」と押し問答をしているうちに、「あー、これがあった」と思い出したようだ。（創業者向け）経営安定化資金と言うらしいが、これでとりあえずつなぎなさいと言われた。

期限ぎりぎりだったので大急ぎで資料を揃えて、すぐに申し込んだ。希望金額は1000万円だ。

すると横浜市保証協会の担当者が事務所にやって来た。と言うより、家にやって来た。そしてヒアリングをして、事務所の写真、なんのことはない、アパートの6畳1間の写真を撮っていった。帰り際に、「創業したばかりで大変でしょうけど、頑張りましょう」と言ってくれた。私よりもはるかに若い青年だったが、屈託のない笑顔の好青年だった。

2週間もすると信用金庫さんから電話があった。保証協会から保証が降りたので、お金を貸していただけるとのことだった。良かったー、助かったーと、飛び上がって喜んだ。

## ◎ショールームを兼ねたコインランドリー直営店をオープン

機械の輸入にはお金がかかる。さらに売った先からの入金までには時間もかかる。だから借りた虎の子の1000万円は、運転資金にする予定だった。

しかし新規の見込み先から、あなたのところの業務用洗濯機器を見てみたいと言われることが増えてきた。これまでに業務用洗濯機器を納めてコインランドリーを運営しているのは、茨城県と山梨県だけだった。だから業務用洗濯機器を見せようと思うと、茨城か山梨に連れて行くしかない。

でも茨城や山梨へ案内しようと思っても、お客さまからは「何それ」と言われかねない。さらに案内するお店もお客さまのコインランドリーだから、先方の都合を優先せざるをえない。

だったら自分でコインランドリーを作って、それをショールーム兼直営店にしたらどうだろうかと考えた。こうして、なけなしの１０００万円の大半は、直営店の設備資金へと消えた。

開設する直営店の場所は、お世話になっている信用金庫さんの紹介で、駅と信用金庫さんの中間ぐらいにある、お弁当屋さんの跡地になった。今思うと、あんなところに出店すべきではなかった。通りから看板が見えないし、何よりも車を停められなかった。

当時の私はコインランドリーに最適な物件の選定をできなかった。それなのに、さも分かったつもりでいたのだ。でも、自分の店を開店したときの達成感は、お客さまのお店を出店したときの数十倍も大きかった。興奮していた。

でも開店の日こそ、そこそこお客さんも来たが、その後はバッタリと客足が途絶えた。さっぱりの売上げだった。それでも家賃の請求がくるし、借りたお金の返済日もきた。

さらに資金繰りが大変になってきた。

## ◎資金繰りが大変と、顔に書いてあったのかもしれない

問合せはあるのに、なぜか成約に至らない日が続いていた。

ホームページの完成度は高いと自負していた。業務用洗濯機器の競合他社よりはるかに抜きん出て、インターネット上で情報を発信していた。だから思ったよりも、問合せが多かった。

問合せ先には、電話をして、資料を送り、再度電話をして質疑応答する。そして回答となる宿題を抱えて訪問する。そこで詳細を詰めて、提案書を持って再訪して、クロージングするはずだった。

だが決まらない。いいところまではいくのだが、結局決まらない。いい線まで進んでいくと、そこの売上げを資金繰りに見込み始める。だから落胆は、さらに激しいものとなる。

また新しい案件があり、提案する。今度こそ抜かりはないはずだ。でも決まらない。

ますます焦り出す。自分のどこが悪かったのだろう？　カタログや提案書を練り直し、営業トークも考え直して、再度の提案営業をする。でも決まらない。

そんなときに、あるお客さんから「資金繰りが大変なの？」と言われた。

えっ？　なぜ？　なぜ、そう思うの？　聞いても教えてもらえない。帰りの車の中で、悶々《もんもん》と考えていた。

## オーナーさんたちには、すべてお見通しだった

そう、私は商談の最中でも、頭の中は資金繰りでいっぱいだった。

営業トークのはしばしに焦りが滲み出ていたのだと思う。目ん玉に¥マークが貼り付いていたのかもしれない。

営業中でも考えていたのは、ここで受注すると、入金がいつごろにいくらあって、それをあそこへの支払いにいくら当て込んで……。だから商談をしていても、この案件でのゴー

ルは、自社の資金繰りの改善でしかなかった。

相手は中小企業のオーナー社長ばかりだ。そのくらいのことは、みなさんお見通しだった。

今でこそ私にも少しは分かるが、ちょっと話をすれば相手の事情もおおよその想像がつく。だから当然、私と話をしていても面白くもない。せっかく大金をはたいて出店するのに、夢も希望も伝わってこない。

本来、お店を作るということは、とても夢のあることだ。その夢を語らずして、何が営業なのだろうか？　営業は営業マンの自己満足のためにあるわけではない。お客さまの幸せをイメージさせることにあるわけだ。

これも今ではよく分かることだが、その幸せの種類や規模は、おのおのが違うと思う。そこを聞きとり、その幸せを自社の商品という道具を使ってもらって、叶える術《すべ》を一緒に考える。それこそが本来の提案営業だ。

それなのに、このときはまだ起業時からの資金繰りのバタバタで、そんな当たり前のことに気づく余裕などなかった。

# 第9章

# 地獄の底で出会った人たち

## ついには、年商を上回る債務超過に陥った

創業以来、悪戦苦闘が続いていた。

社員も採用して、私が先頭に立って飛び回った。

不動産屋さんにコインランドリーを売り込もうとＤＭを送ったり、電話営業を繰り返していた。ファックスを使ったＤＭには毎月30万円ぐらい使っていたし、手の空いている社員は電話をかけまくるような日々が続いていた。

それだけの経費と人手をかけても反応はパラパラで、辛うじて毎年10店舗前後の仕事をとるのがやっとの状態が続いていた。それでなくても回収の遅い仕事だから、そこそこの

売掛金は残っているものの、自ずと債務は膨れ上がり続ける。

やがて、創業から7〜8年経ったころには、銀行借入れなどの債務が1億円を超えて、年商を上回るほどになった。そうなると、借りては返す日々が続くことになる。

まさに自転車操業で、漕ぎ続けていないと転んでしまう。ついには当然のように銀行への返済が滞るようになり、銀行からは社員を全員首にするようにと言われてしまった。

## ◎絶対絶命のピンチで起死回生の一手

会社がこのような状態になったときには、さまざまなメールが飛び込んでくる。

中には違法な高利貸しだと思われるようなメールもあるのだが、ふと目に留まったのが「会社の再生をお手伝いします」といった内容の経営コンサルタントからの売込みのメールだった。

すでに銀行への返済が不可能になりそうな状況で、世間知らずな私は、銀行へ返済ができないことがイコール倒産だと思っていたので、とりあえずメルマガのバナーをポチッとクリックしてみた。

すぐに反応があり、「とりあえず来てください」と書いてある。すでに万策尽きた状態に追い込まれていた私は、経理を担当する妻を伴いコンサルティング事務所に出かけた。

話を聞いていたコンサルの人は、「返済ができないから倒産なんてことはないですよ」「払えなくなることは珍しくもないんだから、とりあえず払わないって言えばいいんです」「リスケするしかないですね」「今月は銀行に払わなくていいですよ」「ところでコンサル料は、申込み時に50万で、あとは毎月20万です」「今から契約書を交わしましょう」……。払わなくていいという話もビックリならば、コンサル料が50万円、さらに月々20万円……。

考えさせてほしい。この場では返事できない。50万円払ったら文無しになってしまう。妻と２人で口々に言ったのだが、「でもね、この場でハンコを捺さない人はほとんどが、家に帰ってから、やりませんって電話をかけてくるんですよ」「でもあなたは会社が潰れても仕方ない状態だって言ったでしょ。その覚悟があるんだから、決断すべきじゃないですか」。

そのコンサルタント会社を出て、妻と話しながら、トボトボと駅まで向かった。

やっぱりやるしかない。ほかに方法は残されていない。

「すみません。やります」とコンサルに電話をした。

「今どこにいますか？」「駅まで行く途中です」「すぐ戻ってください」となって、ハンコを捺すことになる。

※リスケ：reschedule（リスケジュール）の略。「スケジュールを組み直す」という意味だが、金融機関では、返済が苦しくなったときに返済可能な計画に変更することを指している。

## ◎もう借りないつもりなら、話は簡単だった

コンサルタント会社と契約したものの、その夜は寝つけなかった。

翌日には、コンサルの人と一緒に銀行を回るための書類作りをすることになったが、書類の基本フォーマットはすでにできていて、ただエクセルのデータを埋めればいいだけになっていた。その表以外にも事業説明等を書き加えて〝リスケ〟のための資料完成となる。

「今月から、リスケでお願いします」

おいおい、謝んなくていいのかよ。冒頭から呆気にとられることばかりだった。私の会社では、三井住友銀行からの借入れが一番多かった。それなのにコンサルさん、もとは某信用金庫の支店長だったらしいけど、威張っているとしか見えない。

「今月から元金ゼロで、利子だけは……」「元金ゼロでは困ります……」「借入れを合算すると〇〇になって……」「按分《あんぶん》して月々は〇〇にしましょう」「じゃー、それにプラス金利ということで……」

最後に銀行から言われたのは、「三原さんもご存じだと思いますが、これをやると、もう銀行から借入れはできませんから」だった。

でもすでに、どこの銀行も貸してくれない状況だったのでリスケせざるをえなかったわけで、そんなこと言われるまでもないと思っていた。

## ◎銀行借入れから脱却する方法

実はこのようなリスケをやらざるをえなくなったころに取引を始めたのが、フランチャイズの加盟店開発事業を手がけていたベンチャー・リンクという会社だった。

このベンチャー・リンクの担当者から「契約できたら、その段階で払ってほしい」と言われた。すでに銀行にリスケを依頼している状況なので、「全額入金してからでないと払えない」と答えるしかなかった。

「それじゃ、契約段階で全額入金させますよ」と、いとも簡単に言われた。事実その後、契約の都度、全額入金されるようになった。

先に書いたように、今までは仕事が決まってアメリカから機械を輸入しても、入金までには最低でも3カ月はかかった。だから銀行借入れも増え続けることになったが、ともかく資金繰りに追われ続けていた。

一方で、仕事を始めた直後の契約第1号のことも先に紹介したが、L／Cが組めなかったので前金にしてもらったことがある。契約段階で全額前金にしてもらえば、銀行から借入れを立てなくても仕事は回っていく。

全額前金でないにしても、原則的には前金制としておけば、資金繰り上では銀行に依存しなくても済むことになる。こんなことは当然なのだが、お客さんの都合もあるのでなかなか言い出しづらい面もある。

借入れ返済に行き詰まり、リスケをせざるをえない状況にまで追い詰められなければ、できなかったことかもしれない。

## リスケを続けつつ、正常化を図る

「三原さんね、毎月の返済額を今の10倍にしたとしても、銀行は１円も貸してくれませんよ」

銀行からは月々の返済額を増やしてほしいと言われたが、コンサルは今のままで引っ張れと言う。すでに決算上は黒字にしていた。もちろん銀行からは、新たな借入れを立てることなく細々と返し続けていた。

月々の返済額を減らしたおかげで、少しは資金繰りが楽になっていた。

しかし少しは資金繰り負担が軽減されたと言っても、低空飛行が続いていた。それこそ低空飛行どころか、翌年には１ドルが75円まで下がり、輸入機械の卸商社としては良くても、お客さんの方は大打撃を受けて、副業や兼業のコインランドリーどころではなくなった。東日本大震災もあったし、ベンチャー・リンクの倒産もあったし、社員も辞めていき、売上げだけを見ると先細りの青息吐息という状態で、幾度も躓《つまづ》くことになる。

もうダメかと思ったときに、コインランドリービジネス紹介の本を出すことになり、これがその後の躍進の切っ掛けとなるのだが、その前にリスケ以降の話を続けたい。


川崎信用金庫に原卓也さんという人がいる。気の毒なことに、私の会社がリスケを始める直前に担当になった。

そのときも川崎信用金庫から借りていた1000万円への返済を細々と続けている状況だった。やがてはコインランドリービジネス紹介本の出版が契機になって、徐々に経営も軌道に乗り始めるのだが、これはそれ以前の話で、いまだにどん底を徘徊していた。

## ◎ある日突然、「社長、正常取引先になりませんか?」

決算上は黒字にしていたとは言っても、低空飛行は続いていた。一方では困ったことに、リスケの交渉にも慣れてしまっていた。

もちろん知らなくて当然の話だが、リスケ中は11カ月分の返済予定表しかくれない。そして最終月になるともう一度交渉することになる。毎年一度は「三原さん、返済額を増やしてください」と言ってくる。

「じゃー、返済額を増やしたら、お金を貸してくれるの？　何からちの会社にとっていいことあるの？」

「社員の給料も払わなきゃならない。洗濯機も輸入しなきゃならない。それができているから細々とでも返済ができているんでしょ。返済を増やして、給料も仕入れ代金も払えなくなったら、あんた責任をとってくれるの？」

話がこじれて、「だったら、デフォルトしろよ。俺帰るから」と席を立ったこともあった。そうしたらすぐに支店長と融資課長がすっ飛んで来て、「大変申し訳ありません。同じ金額で結構ですから……」と謝りに来た。

そのようなことを繰り返していた時期の話だ。「正常先になりませんか？」と、川崎信用金庫の原さんが言ってきたのは。

もちろん頭の片隅でいつも考え続けていた。先々、事業を大きくするには銀行借入れも必要になる。お金を借りられないままだと先が見えている。そう思うからこそ決算上は細々とでも黒字にしてきた。それでも債務はまだ1億円以上残っていた。だから金融機関との正常取引なんて、はるかに先の話だと思っていた。

## あのときボロボロの会社を助けてくれたから

どのようにすれば正常化できるのかなど、皆目見当がつかなかった時期の突然の申入れに、正直唖然とした。ところが原さんは本気だった。

「ボクにやらせてください」

「これ、なんとかボクがやってみたい」

次々と原さんから注文が出された。

こういう文書を書いてほしい。こういうことをやってほしい。決算書は、こういう感じでまとめてほしい。月々の月次の締めはこうやってほしい。こういう書類も書いてほしい。こんな資料を作ってほしい。コインランドリー開設の場合の利益率や洗濯機の粗利、この乾燥機だとどれぐらいかも資料としてまとめてほしい。社長の経歴もまとめてほしい。

原さんに出した書類も膨大だったが、それを原さんは一つひとつチェックして、さらにいろいろと書類やら文章を作って、上司に提案してくれたようだ。

この会社の債務の肩代わりと代理弁済のために１億円の融資をすれば、この会社は伸びるはずだという内容の文章を書いてくれた。

やがて融資もまとまり、それまでの借入れ金は川崎信用金庫に一本化、月々１００万円ぐらいの無理のない返済になる。同時に金利も、それまでと比べるとはるかに安くなった。


その後、半年もしないうちに、いろいろな銀行が金を借りてくれと言ってくるようになった。今ではお付合いで少しは借りているものの、川崎信用金庫の肩代わりをさせてくれなどという申出は、はっきりと断っている。

すでに年商も32億円以上になっているから、１億円程度の借入れ金しかない企業なら超優良企業だ。川崎信用金庫は、年商１億円当時の１億円の借入れ金の肩代わりをしてくれた。それもリスケ中の要注意先の肩代わりだから重みがまったく違う。


あのとき、川崎信用金庫に原さんがいなかったら。リスケの最中に原さんに出会えなかったら。そして原さんが頑張ってくれなかったら。さらには原さんの提案を上司の人たちが了解しなかったら。たぶん今のマンマチャオはなかったようにも思う。

# 第10章 人を動かすには経営理念が必要だった

## ◎商談の場も、私には経営セミナーを受講するようなものだった

話を少し戻して、創業直後の話だ。

商談相手には、たいてい中小企業のオーナー社長さんが多かった。こちらが聞き手に回ると、ありとあらゆる話をしてくださる。私も起業したばかりだったので、分からないことだらけだったから、質問しまくった。

コインランドリーの話などそっちのけで、苦労話や経営上の知恵など、普段は聞くこともできないような話が多い。どんどん話が膨らんで、2時間や3時間は当たり前のように過ぎていく。話が長くなりすぎて、宿までとってもらったこともあった。

そんなある日のこと、ある社長さんにこんなことを言われた。

「ひと言で言って、なぜ起業したの？」

言葉に詰まった。「なんでなんでしょうかね？」と、聞き返すしかなかった。

ひと言では言い表わせない。なぜ起業したのだろうか？　なぜサラリーマンではダメだったのだろうか？　次々と転職を繰り返してきたが、なぜなんだろう。そしてなぜ、自分で起業するしかなかったんだろう。

そんなことは今まで、営業して、輸入して、搬入工事をして、お店作って、また営業してと、振り返ることもなかった。

「じゃあ、なぜ営業しているの？」

「食うためでしょうか？」

「それだけだったら、会社は良くならないよ」

「ほかに何があるのでしょうか？」

「自分でよく考えてみなよ」

私は何も答えられなかった。ショッキングだった。営業上がりの個人企業の私には、食っていくのが精一杯で、食うこと以外に思いつかなかった。「それじゃ、いつまで経っても成長できないよ」と、刃《やいば》をのど元に突きつけられたような気がした。

## ◎中小企業家同友会と出会い、経営指針作成部会に参加した

「なぜ、社長をやっているんですか?」

知合いの紹介で、中小企業家同友会に入会した。そこで、私に問いかけられた最初の質問がこうだった。また答えに詰まった。考えたこともなかった。苦し紛れもあって、とっさにこう答える。

「食うため」

講師の方たちは納得しない。「それでは競合他社には打ち勝てない」「社員や家族や協力会社さんを幸せにできない」「ましてやあなたが、ビジネスを通して社会に貢献することはできない」と、口々に言われた。

「えっ? 会社はお金儲けのためにあるのではないのですか?」

「お金って、あくまでも道具ですよ。それをたくさん集めて、それで何をするのですか?

まさかご自分の私利私欲のためだけに使うわけではないですよね」

当時はホリエモンさんが全盛期のころだ。ヒルズ族なんて言葉も生まれ、起業家がフェラーリを乗り回していることなどがテレビでも紹介されて話題になっていた。

そんなこともあったから、私には高尚な理念なんて、今いち腑に落ちなかった。

## ◎人を動かす経営理念

腑に落ちない状況のまま、そこから私の苦悩の日が続いた。

経営指針作成部会に参加して、自社の経営理念なるものを、講師のみなさんとシブシブ作ることになった。ようやく作成したものの、やはりなんだか腑に落ちない。講師の方たちからは及第点をもらったが、人に自慢できるようなものではなかった。

それでも出資をお願いしているお客さんに、とくとくと自分の理念を語ったことがある。お酒を酌み交わしながらの酔った勢いだった。

コインランドリーを地域にたくさん提供して、共稼ぎの忙しいお母さんたちに使ってもらいたい。いつも大変な洗濯を、簡単に終わらせて楽をしてもらいたい。そしてお母さんたちには、子供と話す時間をもっともっと増やしてほしい。さらに家族との楽しい時間を、もっともっと増やしてほしい。それが私の願いなんです、と話したと思う。

それから2、3日後のことだ。そのお客さんから800万円ものお金が振り込まれていた。「何かの間違いじゃないですか」と電話した。そうすると、お客さんがこう言った。

「私は、多少はお金を持っているが、もう歳も歳なので、あなたのように社会に貢献することができない。あなたに託した方が社会に貢献できると思うので、振り込みました」

すごい人がいるもんだと驚いた。同時に、経営理念には人を動かす力があることを知った。

## ◎改定した経営理念を判断基準にした

実は、このときに作った経営理念は、自分で納得できるものではなかった。要は講師の顔色を窺《うかが》って、講師に合格点がもらえる経営理念を作ったにすぎなかった。

だから前述の、たくさんのお金を出資してくれたお客さんに、申し訳ないと思った。今度こそ心の叫びのような、魂が入った経営理念を作りたかった。そのために翌年もまた、この経営指針作成部会に参加することにした。そこでできた経営理念が、次のようなものだ。

**◉私たちは笑顔のあるまち作りに貢献します。**
**◉私たちは人に優しいサービスと感動を与えるチャンスを作ります。**
**◉私たちは人間の成長と豊かさを創造します。**

この経営理念は、私自身にとっても、自慢できるものだった。

この経営理念について、お客さまに会うたびに話をした。名刺やカタログにも刷り込んだ。アメリカのメーカーがやって来たときも、英訳して説明した。

ちょっとやっかいな問合せがあったとき。そしてトラブルにあったとき。新しいことを始めようと思ったとき。それは経営理念に合っているのか？　それをやることで、笑顔のあるまち作りはできるのか？　それは人に優しいサービスなのか？　などと考えるようになった。

以前はどちらが儲かるのか？　それをやるといくら儲かるのか？　これしかなかった。だから判断を誤って失敗したときなど、すごく後悔していた。

でも、新たに策定した経営理念に照らし合わせて判断した場合は、後悔することなどない。たとえその判断によって儲からなかったとしても、そちらの方が社会に貢献できるし、お客さまのためになるし、社員が幸せになる。そう思うと後悔することもない。

## 経営理念を猛烈に語り、社員を採用した

車の中に作業着を積んでおいて、営業したり、修理したり、工事をしたり、銀行に行ったりと、１人で何役もこなしていた。だが、どうしても時間が足りなくて無理が重なってきた。そろそろ社員を採用しなければならなくなってきた。

中小企業家同友会の先輩方に新卒採用を勧められて、合同企業説明会に参加した。ブースに座った学生に、まず経営理念から話をするようにした。唐突に経営理念を大声でがなりたてるものだから、学生さんもビックリして、唖然《あぜん》としていた。

やはり最初が肝心だ。入社時ではなくて、採用の段階から経営理念を追求すべきだと考

えた。

経営理念に基づいて社員を採用し、経営理念に基づいて社員を教育し、経営理念に基づいて営業をし、経営理念に基づいて経営をすることが、私の考える正しい経営のあり方だと考えていた。

ある種、何かにとらわれたように、経営理念に執着した。経営理念オタクと言われてもおかしくないほどだった。それでもこの経営理念を叫び続ける求人活動が功を奏したのか、夫婦2人だけでやっている会社に、ホカホカの新卒がやってきた。

## ◎たぶん、自分自身にも言い聞かせていたのだと思う

実は唐突に経営理念の話を書いたのにはわけがある。

前章で書いたように、リスケまでやらざるをえないような経営状態で、地獄の底を這いずり回った。困ったことに私には、うつ病という持病がある。何かに夢中になっているときはいいのだけれど、深刻な状況が続くようなときに限って顔を出す。それでも、どれほどひどいときでも、自分はプロの営業マンなんだと自分自身に言い聞かせ続けていた。

毎朝やっている朝礼で、声が出なくなったことも幾度もある。薬が効きすぎて、運転中

に意識を失いそうになったこともある。それでなくても創業以来、ごく最近までは、いつ潰れてもおかしくないような会社だった。うつ病と潰れそうな会社、よくぞここまで続けてこられたものだと思う。

なぜ？　と自問自答してみると、出会った人たちのおかげだとしか言いようがない。

そして、いい出会いを導いてくれたのは、最初に勤めた外資系製薬会社の横浜営業所の三橋所長から教わった笑顔の大切さと、中小企業家同友会の指導を得て作った経営理念だったのではないだろうか。

人を動かすために経営理念が必要なように、私自身がどん底でもめげずに頑張り続けるためにこそ、経営理念が必要だったように思う。

**創業20周年を迎えるマンマチャオの**
**新たな経営理念**

## 家族、笑顔、そして夢の実現

### プライド&チャレンジ

私たちは積極果敢に仕事をして、常に挑戦を続けます

### スマイル&ドリーム

私たちの笑顔が、街の笑顔と夢の実現に貢献します

### ラブ&ファミリー

私たちに関わるすべての人に、家族のような愛を贈ります

# 第11章
# トップセールスには限界がある

## 「これでは社長がかわいそうだ」と得意先にも言われたが

初めて新入社員を採用したときの話だ。

得意先のお店の修理に行かせた。１時間ぐらいで帰ってきた。

「早かったね？」

「現場の鍵を持って行くのを忘れたので、取りに戻りました」

営業に行かせた。５分で戻ってきた。

「今度はどうしたんだ？」

「カーナビが壊れているので、先方の会社に行けません」

……もはや、言葉も出ない。あげつらえばキリがない。そんな中でも私の社員教育は進んでいった。

そもそもどんな社員にしたいのか？　新入社員以外には私と妻しかいない会社なので、何から何までやってもらいたいけれど、それが無理なのは分かりきっている。それでも営業からクロージング、そして工事の段取りからお店の開店まで、さらにはオープニングセールの支援と協力、そして集金やその後の修理まで、要は一貫して１人でできる人間になってほしかった。

これは彼に悪かったと思う。今日は営業に行って、明日は修理に行って、そして工事の手配をやってとなんだか定まらない。だからなのか、どれもこれもまったく覚えられない。そしてミスの連発だった。

辛うじて開店には間に合わせるが、あまりの体《てい》たらくに、お客さまから反省文を書かされたこともある。さらにお客さまいわく「これではあまりにも社長がかわいそうだ」。

何度か菓子折りを持って謝りに行ったこともあるが、「私が鍛えてあげるから」とまで同情されたこともある。

## ◎どのようにして教えればいいのかと模索が続く

やはりマルチ人間を求めるのは無理だったのかと思い、営業に特化させようと、外資系の製薬会社で習ったロールプレイングをやってみる。ところが何度やっても、しっくりこない。頭にくるよりも、私の方が泣けてくる。

新入社員がそんな状況の下でも、仕事は次々と飛び込んでくる。私1人では手が回らないので採用した新入社員だから、やむなく営業の現場へ出す。当然売れるわけがない。

それでも100回ぐらい断られると、いくらなんでも売れる営業マンになってくれるのではないかと思って、どんどん現場に行かせたが、せっかくの売れるチャンスを逃すだけで、これでは会社のロスも大きすぎる。

結局、私に同行させて、私の営業スタイルをまねることでしか無理かもしれないと、とにかく一緒に営業の相手先へと、何度も何度も行った。そして売れた客先に対して、開店までのお手伝いをさせた。

社員もいなくて、1人で何から何までやっていたときは、年商1億円の売上げを上げていた。営業するのが倍の2人になるので、新入社員が頑張ってくれれば、すぐに2億円の年商が実現できると思っていた。ところがなんのことはない。その年の決算では売上げは1億0100万円だった。

営業できる人数が倍になっても、売上げの伸びはわずかに100万円だった。

## ◎なるほど、トップセールスと社員のセールスは違う

それはそうだ。それから5年過ぎて、社員が10人になったときでさえ、年商は3億円だった。営業できる人数が10倍に増えて、ようやく売上げが3倍になった計算だった。

そう簡単にいくはずもない。足手まといの新卒が入ってきても売上げが下がらなかっただけ、まだマシだったと思わなければならない。1人1億円説は、とんだ夢物語、夢のまた夢だった。

とにかく営業は商品を売る前に自分を売れ。話し上手より聞き上手に。客のニーズを聞き出してからが本番。これが営業の基本だと思うのだが、どれもこれもできそうにない。

なぜ自分にはできるのに、社員にできないのか？　先輩の社長に相談したことがある。

彼の答えは、「あなたの営業のやり方は、武器を持たない徒手《からて》営業ですよね。でもそれは、

社長だからできることで、社員には武器を持たせないと、きちんとした営業なんてできないですよ」だった。

えっ、武器って何？　どうやらそれは、商品カタログや提案書、アプローチブックのことのようだった。

たしかに私は、最初から提案書を持って行くことはない。持参するのはせいぜい店舗の写真ぐらいで、それでもそれ一つで何時間でも話ができる。当然そこには説明も書いてないので、客の反応を見ながらニーズを読みとり、客のニーズに合わせた即興のアドリブで、その店舗のことを話す。

商品カタログを持って行くことはあっても、帰り際にお客さんに渡すだけだ。

でも新人君たちには、このアドリブ営業はできない。ある程度は客のニーズを見越した筋書きが必要になる。初回訪問時には初回訪問用の商品カタログと会社案内。次の訪問時には、初回の訪問時のお客さんの反応をもとに、提案書などを携えていくことが欠かせないようだ。

なるほどとパワーポイントを教えて、提案書を作らせてみると結構いいものができていた。

できあがった提案書を使ってロールプレイングをやってみた。まあ、前よりはずっといい。筋書きができているから、新入社員でもある程度は話せるようになった。

でもほとんど彼が喋っていて、客側の人間が話す余地がない。いわゆる営業マンではなくて、はるか以前の、私がMRの研修を受けていたときのような、説明マンになっていた。

説明マンになってしまうと、パワーポイントで作った資料の最終ページの説明が終わるまで、客が口をさしはさむ余地もない。説明の途中で疑問に思うことがあっても、先へ先へとどんどん進んでしまう。やがては疑問に思った点も忘れてしまい、モヤモヤ感だけが残ることになる。

## ◎やり方を変えてみたら、少しは変化が生まれてきた

前もってパワーポイントで作った資料の筋書き通りのお客さんならいいのだろうが、それほど好都合なお客さんなどいるはずもない。筋書き通りにいかないのが営業だ。

彼に、いくつかの改善点を指示した。「今やったのは単なる説明だ。そうではなくて、相手の顔を見てやってほしい」「今のでは、目線がほとんど資料にいっている。それでは相手の反応が分からない」などを指摘した。そのあとでロールプレイングを再開した。何度かやっているうちに、だいぶ改善されてきた。よし、そろそろいいだろうと、再びフィールドへ出す。

まあ、それでも大して売上げは伸びなかった。結局は、私が同行営業をして、お客さんとさも古くからの友人のように仲良くなって、本当のニーズを探って、それに合うような提案をして、仕事をもらってくる。こんなことの繰り返しが続いた。

その後何人かの営業マンを採用したが、初回訪問時のぎこちなさは変わらなかった。どの営業マンも説明上手ではあるのだが、お客さんのニーズを読みとり、興味を引きつけるという点では合格点ではなかった。それでも多少は売れていった。

## ◎WEBを徹底的に充実させる営業戦略が功を奏した

当社のホームページを見てからの問合せが圧倒的に多い。そのような問合せ先に対して、資料を送って、電話でアポイントをとり、訪問して説明するという流れで営業活動を進めていた。

でもそれならば送付する資料などもすべてホームページ上にアップしてしまえば、送る必要もなくなるはずだが、印刷された資料を送ることには意味があった。

また営業マンはもちろんのこと、すべての社員の顔写真やプロフィールをホームページにアップしている。ここまでやっておけば、ホームページを見て興味を覚えた人は、どの営業マンが訪ねて行こうと、当社のことだけでなく、訪ねてきた営業マンのことも知っていることになる。

初回の訪問時にはすでに、ほとんどの情報をＷＥＢ上で得ているのだから、初対面だろうと話も早い。さらに問合せがあった時点で、資金計画や物件の有無などの情報を電話やメールで得てしまえば、初回訪問のときにはすでに、見積りや具体的な提案書が出せるようになっている。ここまでくれば、問題大有りの未熟な営業マンでもこなせる仕事のやり方だった。

# 第12章
# 営業馬鹿、経営者になる

## ◎ある日突然の差押え通知

山あり谷ありならまだいいが、私の場合は創業以来、地べたを這いずり回るような日々が続いていた。創業時には私たちの住むアパートが自宅兼事務所だったと書いた。同時に社長は私で、経理は妻が見ていた。

私の妻は、朝から晩まで私と一緒にいて、息子たちの子育てもして、会社の経理を見るだけでなく、うつ病で何をしでかすか分からない私の面倒を見ていた。私のうつがひどいときなど、会社までの送り迎えまでやらざるをえない状態だった。

やがて私の息子たちが競技スキーで東京都連の大会で優勝するようになり、東京都連が契約している菅平のスキー場に足繁く通うようになる。回数が多いとホテル代も馬鹿にならないので、菅平に300万円程度の小さな家を買う。

ところが私のメンタルがおかしくなったときなど、「ゴメン、お前と子供たちだけで行ってくれ」と妻1人に押しつけることになる。何時間もかけて1人で車を運転してだから、それこそ大変だったと思う。やがて通うのも大変になり、私は実家から会社に通うことにして、妻と子供は生活拠点を菅平に移すことになる。

その引っ越しの1週間前だった。東京国税局がやってきた。

実はたまたま東京国税局からの手紙を目にしたのだ。開けてみると、税金の滞納分を差し押さえますという通知だった。エッ、何これ？　と思ったけれど、1000万円も滞納しているらしい。

もちろん、さまざまな支払いが滞っていることは分かっていた。その都度、妻から聞かされていたのだが、「分かった、分かった、俺だって頑張っているんだからさ」と、聞いているようで聞いていない日々が続いていた。

## どこかで、私は逃げていた

東京国税局に電話を入れた。

「差押えは待ってください」「分割で払います」「差し押さえられたら会社が潰れてしまいます」

「潰れても構いません」「差し押さえれば1000万円の内の数百万円は回収できます」

「1000万円を取り損うより、300万でも400万でも回収できた方がいいんです」

訪ねてきた東京国税局の職員にもガンガン怒られた。

「幾度も電話もしたし、手紙も出していた」

「それなのにナシのつぶてで、それが今ごろになってなんですか」

妻が聞いたら即刻離婚届を突きつけられそうだが、「経理は妻なので、手紙を見たのは初めてなんです」「今、初めて知ったんです」と、妻を口実にして言い逃れをした。

でも実際には、日常的に仕事を発注して、無理して仕事をやってもらっている下請けさんへの支払いに追われ、税金や社会保険料の支払いがズルズルと伸びていたのだ。

下請けさんへの支払いは、それでなくても無理を承知で頼んでいるので、これ以上支払いを遅らせば仕事が止まってしまうところまで追い込まれていた。

そのような状況下なのに、うつ病と闘いながら孤軍奮闘している私に、これ以上の精神的負担をかけないようにと、私が知らない間に実家の母親に頼んで１０００万円も借りて支払いに充てていた。

その私の義母のお金だが、ゴルフのキャディをしながら老後のために貯蓄してきた資金でもあり、先に書いたように起業時にも２００万円も出資してもらっていた。合わせると細腕一つで貯えていた１２００万円ものお金を引き出していたのだから、とんでもない娘の婿だ。そんな状況を薄々感じながらも私は、現況打開のためには営業に専念するしかないという口実で、現実から逃げていた。

国税局には、ひたすら謝り続けた

ようやく２００万円ずつの５分割で納得してもらい、必死で頑張って払い終えた。その後に分かったことだが、同じように社会保険料も払っていなかった。こちらも社会保険庁に日参して、分割で払うことになる。

## 資金繰り、社長がやらなきゃ誰がやる

細かい実務まですべてというわけではないが、経理を人任せにするようでは社長失格だ。

私の妻は、簿記の２級も持っていた。結婚する前から、ずっと経理畑だったので、全部任せておけばいいと思っていた。お金が足りないと言われても、売上げを上げることのみに目がいって、月々の試算表にさえ目を通していなかった。

経理は妻に任せておけばいい、資金繰りが大変なときは、売上げを伸ばすしかないと思っていた。それがすべて間違っていたわけではないものの、経理帳簿から会社の現況を分析して対処法を考えるという視点が欠けていた。

今にして思うと妻との会話の中に、経理と経営の違いが象徴的に出ていたやりとりがあった。

妻が、お金がないと言いながら試算表を持ってきた。

「赤字じゃん、お前、これってヤバくねー?」

「でもこの書類、合ってるよ」

たしかに経理は、正しい書類、正しい試算表、正しい損益計算書を作るのが仕事であり、ゴールでもある。その書類に基づいて経営を見て資金繰りをするのが経営者だ。

それなのに経理に無頓着な社長（本当は詳しく見るのが怖いだけなんだけれど）は、経理が持ってきた書類の結果だけを見て、売上げが足りないと闇雲に突っ走ることだけを考える。

これでは、なんのための経理書類か分からない。「何？　金がない」「じゃー、もっと売ってくればいいいんだろ」では、経営体質は改善されない。

結果的には、妻と子供たちが生活の拠点を菅平に移すことから、私が直接経理を見ることになった。その結果、資金繰りを考えての経理数値を見据えた経営になった。

そんなことは妻から幾度も聞かされていたことなのに、どこかで逃げていたのだろう。

そして今取り組んでいることは、社内で日次決算をクラウド化して、全社員がアクセスできるシステムの構築だ。委員会を立ち上げ、会計士も２人入れて、勘定奉行を使った仕組み作りを進めている。

これが完成すると、売上げが立ったり仕入れが発生したときには、瞬時で入力できて、毎日一番新しい損益計算書や貸借対照表が見られるようになる。

そうすれば、１店舗出店すれば、どれぐらいの売上げになるか、誰がいくら売ったか、どのエリアで売れたか、どの洗濯機が利幅が高いかなどが一目瞭然になる仕組み作りだ。

全社を挙げて情報を共有することと、トップである社長が経理を含めて全体を掌握することとの大切さを実感させられた出来事だった。

## ◎営業馬鹿、社長稼業へ一歩前進

私にはプロの営業マンだという自負もあった。それは今でも変わっていないのだが、それだけでは社長は勤まらないと思うようになった。経理の一件もあったし、私が営業本部長の名刺を持って飛び歩いても、せいぜい月１件の契約に留まっていた。

顧問の竹村さんから「社長は営業しちゃダメだ」と言われて、今のような事業説明会に集約するような販売方式に切り替えてから売上げも伸びるようになった。

ＷＥＢのリスティング広告に加え、本の出版やユーチューブを使った映像での紹介、さらにはテレビや雑誌での露出など、いわば客寄せパンダのような仕事まで取り組むようになり、仕事の幅も広がってきた。

もしも私が営業馬鹿のままでいたとしたら、どうなっていただろう。先頭に立って売りまくっただろうが、せいぜい年商2～3億円程度の会社で終わっていたか、潰れていたかのどちらかだと思う。今、さらに高みを目指し、マザーズ上場まで視野に入れて取り組むようになった。そこまで視野を広げることができた切っ掛けは、もしかすると妻のやっていた経理の仕事を引き継いだことにあったのかもしれない。

つい最近まで、毎日預金通帳を全部見て、支払いも1件1件自分で手配して、社員の給料も全部自分で計算していた。その結果、慎重になるところは慎重になったし、前もって手を打っておかなければならないことも見えてきた。

たぶん今ならば、赤信号になる前の黄色の信号ぐらいで危険を察知する能力も身についたと思う。

## ◎未上場なのか、非上場なのか

本題に入る前に、社員のモチベーションに関して触れておきたい。

優秀な社員を入れるための求人、採用活動が大切だと言う人が多い。

しかし私の考えは違う。採用よりも大切なのは、今いる社員を辞めさせないことだ。

今いる社員は、仕事のことも知ってくれている。私のことも分かってくれている。その社員がポツンと抜けると、穴埋めのために新入社員を募集して、また最初から仕事を教え、会社の理念を教え、仲間意識を築き上げていかなければならなくなる。

今まで一緒に頑張ってきた社員に辞められると、その損失たるや計り知れない。これまでの時間を取り戻せないからだ。まして今いる社員は、ようやく軌道に乗り始めたマンマチャオを見てきたスタッフだ。試行錯誤を繰り返してきた私の馬鹿さ加減も知っているし、それを受け入れてくれたからこそ、今も働いてくれている。

そんな彼ら、彼女らに提示した目標がマザーズ上場という、マンマチャオが超えなきゃならないハードルだった。

たとえば同窓会で、「お前、どこの会社に勤めているの？」と聞かれて、「俺、トヨタ」「俺は三井物産」「俺は三井住友銀行だよ」なんて会話に交じって、「俺、マンマチャオ」って胸を張って言えるだろうか。「何、それ？」と聞かれても、「コインランドリーの洗濯機を売る会社だけど……」で黙らざるをえない。

そのようなときに「マザーズ上場なんだけど、知らないの？」「一部上場を目指すベンチャー企業だよ」と答えられたらどうだろう? 周りの見る目が違ってくるはずだ。

## すでに夢ではなくなった、マザーズ上場

経営者ならば、中小企業の社長でも引け目を感じることはない。一方で、中小企業で働く社員の方は、本当は大企業にいきたかったけどやむなくという場合がほとんどだ。

未上場ならまだしも、「俺の会社は非上場、たぶんこのまま良くても現状維持、いつ消滅しても不思議じゃない」「給料もこの程度だし、中古のマンションで暮らすしかないね」「しゃーないよ、俺の人生なんて、こんなもんだ」と思っているのではないだろうか。

ところが私の会社では、すでに各部署から10人ぐらいを参加させて、上場準備委員会も作った。監査法人のトーマツにも来てもらい、公認会計士の同席のもとで、マザーズ上場に必要な要件や書類について説明を受けた。自分たちは上場を目指しているんだという活気がみなぎってきた。

我が社も年商30億円を超えた。「スゲー、できるよ、これ。上場できる」感が広がっていく。誇りを持って働ける会社の一つの要素として、周りに自慢できるような会社であることも大切だと思う。

## 第13章

# オピニオンリーダーが求められていた

### ◎大型コインランドリーが誤解されている

「社長が自分で営業をやっているようじゃダメだ」

「三原さんの仕事はもっと川上で、大型コインランドリーの必要性を説くことだよ」

問い合わせが来るたびに「俺が行く」と飛び出す私を見て、顧問になってもらった元ベンチャー・リンクの竹村義宏さんから注意され続けていた。それでも、ついつい飛び出してしまう。じっとしてはいられないのだ。

先にも述べたように大型コインランドリーは着実に需要が広がっていた。それも地方では共働きの主婦層を中心に、新たなライフスタイルとして定着していた。

間違いなくムーブメントになりつつあるのに、個人事業家や投資家の間ではまだまだ認知されていない。未だに、お風呂屋さんの傍らにあるような、『少年ジャンプ』やエロ本が置いてあるようなコインランドリーのイメージが根強く残っていた。

マンツーマンで話していても、コインランドリーのイメージそのものが大きく食い違っているから、幾度も話をさえぎられる。事業としての大型コインランドリーの将来性を話したいのに、それ以前の話題に終始してしまうことになる。

私でさえもこのような状況だから、昨日今日入社したような若い社員だと、場末のコインランドリーさえ見たこともないので、お客さんとの会話そのものが成り立たなくなってしまう。

社長1人がやっているようじゃダメだという竹村さんの指摘も分かるのだが、だからと言って社員に任せていてはまとまる話もまとまらない。

## ◎事業説明会中心の営業活動へ

昔のコインランドリーとの違いを知ってもらうには、私自身が説明するしかない。

広告も事業説明会の案内を中心にして、社員の営業活動もマンマチャオの事業説明会に来てもらうことを中心に据えた。すべては事業説明会に来てもらうためだと意識するようにして、社員も二言目には「ぜひ、事業説明会にお出でください」と言うようになった。

それでも最初に事業説明会を開いたときは、ファックスを使ったＤＭに毎月30万円もかけて、さらには全社員、と言ってもまだ5～6人しかいなかったのだが、全員で電話をかけまくって、それでもせいぜい３人ぐらいの参加者だった。

会場を見渡すと、参加者よりもマンマチャオのスタッフの方が多いような状況が続いていた。私自身は徐々に多くの人の前で話すことに慣れていったものの、なかなか成約には結び付かなかった。

やがてファックスを使ったＤＭから、ＷＥＢを使った告知へと重点を置き替えることになる。

私自身がＷＥＢに強くて、早い時期からホームページを充実させていたことも役に立ったが、せっかくホームページを充実させても、見てもらえなければ意味がない。リスティング広告も必要ならば、ＳＥＯ対策も必要になる。
今ではリスティング広告に毎月２５０万円もかけるようになったが、最初のころは毎月20万円ぐらいから初めて、反応を見ながら徐々に増やしていった。

※リスティング広告：ユーザーがキーワードを使って検索した時に、検索画面に表示される広告。
※ＳＥＯ対策：検索画面の上位に持って来て露出を高めるための対策。検索エンジン最適化と呼ばれている。

## 一冊の本が起爆剤となった

１～２時間程度の事業説明会では説明しきれないことが多すぎる。どこまで分かってもらえたのかと不安になることも多かった。一方で、事業説明会を繰り返していると、自分なりにコインランドリー業界の状況を調べて整理し、問題点の分析や将来性について考える機会が増えてきた。ホームページ記載の記事やブログなどの記事も蓄積されていく。

やがて、２０１３年になって『はじめてのコインランドリー投資　負けナシバイブル』という本を出した。それほど以前の話ではないのだが、このころはまだコインランドリーに関連した本など皆無に近かった。

この本では、まだまだ知られていない大型コインランドリーの現状とコインランドリー投資の将来性について紹介した。ところがこの本が、とんでもない反響を巻き起こすことになる。

出版直後の事業説明会には、30人ほどの参加者が集まった。

事業説明会は、今でこそ毎週のように100人を超える参加者が普通になったが、それまでは何十万円も使ったリスティング広告と社員総出の営業攻勢でようやく数名の参加者だったことを考えると、驚異的な集客力だった。

それもサラリーマン投資家が多く、明らかに今までの参加者層と異なっていた。コインランドリーの〝投資〟に重点を置いた本だったから、それまでのような遊休地利用を考える地主さんや、個人事業家中心のお客さんとは違った層を集客できたのだろうと考えていた。

このことが、やがて想像もしなかった大騒動をもたらすことになる。

## ◎押し寄せて来たテレビ、新聞、雑誌

本のテーマとして、大型コインランドリーの〝投資〟という側面に焦点を当てたのが功を

奏したようだ。もちろんマスコミ各社はそれ以前から、大型コインランドリーが新たなライフスタイルを生み出していることに気が付いていたのだろう。

２０１６年1月、ＴＢＳ系の人気番組、『がっちりマンデー!!』から電話が入った。「やたら見かけるけど、なんで儲かっているのかよくわからないお店」という特番への出演依頼だった。どうやら私の出した『はじめてのコインランドリー投資　負けナシバイブル』を見て連絡してきたらしい。

さすが、テレビの影響力はすさまじかった。放送直後から電話は鳴りっぱなし、事業説明会への参加者もうなぎ登り、それだけでなく新聞社や雑誌社からの取材が次々と殺到することになる。

このころまでの事業説明会は、大型コインランドリーの成長を示すグラフやキーワードを列記したパワーポイントを使った説明だった。それもそのはずで、今の大型コインランドリーは、昔の場末の銭湯の傍らにあるコインランドリーと違うということを説明の中心に置かなければならなかった。

ところが、このころからの事業説明会の参加者は、私の本やテレビや新聞で現状を理解した上で来てくれている。１００％理解しているとはいえないものの、大型コインランドリーの将来性について、おぼろげながらとはいえ有力な投資対象として考えてくれている。

## ◎マスコミへの露出が事業説明会の在り方さえ変えた

事業説明会への参加者の変化は、自然と説明の重点の置き方に変化を生み出していった。従来のようなグラフやキーワードを使った大型コインランドリーの現状報告は短く紹介するにとどめて、マンマチャオが開店した店舗の実例映像をプロジェクターで大型スクリーンに映し出し、具体例の紹介を主軸に大型コインランドリーの現状と留意点、将来性について解説するようにした。

これ以降、事業説明会に来てもらった参加者の成約率が一気に高くなってきた。

さらにその後、事業説明会で話を聞いてもらって、そのあとで大型コインランドリーの開業予備軍としてプレチャオ会員になってもらうようにした。やがてプレチャオ会員として開業候補物件の情報提供を受けながら交友を深め、大型コインランドリーの開業に備えてもらうという今の形ができあがった。

顧問の竹村さんから「社長が自分で営業をやっているようじゃダメだ」の一言から始まった事業説明会の充実と出版活動だったが、自分でいうのも不遜だが、確かにオピニオンリーダーとして大型コインランドリーについての啓もうに専念すべきなのかもしれない。

マンマチャオの仕事は、業務用の機器を売るだけではない。

オーナーさんたちが1店舗を作るのに、二千万円程度はかかる大型コインランドリーだからこそ、時間をかけて丁寧に説明して、より効率的で収益性のある店舗を目指してもらうことが、マンマチャオにとっても重要な責務だと思っている。

そのためにもホームページの充実やユーチューブを使った動画配信などと合わせて、出版をテコにした大型コインランドリーについての広報活動が欠かせないと思う。

# 第14章

# FC本部に課せられた2つの責務

## ◎ブームに悪乗りするようなFCにしたくない

私の出版した本が大型コインランドリー投資の火付け役になったのだから、私にも責任の一端があると思っていることがある。

それは、出版とテレビ出演などマスコミへの露出によって、大型コインランドリーの〃投資〃という側面だけが大きくクローズアップされてしまったということだ。

確かに本の中で、「雨の日は、空から１００円玉が降ってくる」「人件費がかからない」「人材教育も必要ない」「粗利率が高い」「成長産業だ」「流行り廃りがない」「競合する相手がいない」「機械は30年以上持つ」と、大型コインランドリーへ投資することの優位さを強調した。

アパマン経営やほかのコインビジネスよりはるかに優れた投資案件だということも伝えた。

それはその通りだから胸を張っていえるのだが、投資効率の良さだけが独り歩きしているようにも思える。そしてそのことに悪乗りしている大型コインランドリーのＦＣ本部が増えたことが大きな問題なのだ。

個人投資家などがコインランドリー経営をおこなうことの有利さの一つに、大手企業が参入できないという側面がある。半径5キロ程度の商圏を想定した地域密着型のビジネスであり、店舗の規模によるスケールメリットは余りない。立地条件を考えて、さらに費用対効果を念頭に、無理のない事業計画を立てれば着実に儲かるビジネスだといえる。

このことを裏返すと、新規開店に伴う費用は、多くても三千万円程度にとどめないと投下資本を回収できないという現実に行きあたる。毎月百万円以上の売り上げが見込めるならば3千万円以上の投資をおこなう意味があるが、そのような立地条件の場所などは数少ない。それなのに店舗規模の拡張を勧め、より多くの業務用洗濯機器を設置させようとするＦＣ本部が急増している。3千万円、4千万円でもどうかと思うが、5千万円以上を1店舗に投入させようとするに至っては言語道断だ。

私ならば規模を縮小して「2店舗目を検討した方がいいですよ」と薦めるところだが、「マンマチャオさんは大型店舗の経験がないんですよ」などといって規模拡大を勧めるFCも増えたようだ。

業務用機器を納め、店舗工事を終わったらお仕舞という無責任な業者は以前からいたが、大型コインランドリーの投資ブームに乗っかって、さらに大規模な投資を勧める業者が増えたことは間違いのない事実だ。その多くがFC組織であることを売り物にしているが、その実態は業務用機器の押し売り業者にしか過ぎない。

もちろん出資額の判断をするのは個々のオーナーさんであり、経営者であるからにはすべてが自己責任だ。とはいえ大型コインランドリーのFCを主宰するからにはFC本部も、開店後の運営に無関係であるとは言い切れない。余りにも無謀な設備投資を勧め、後は野となれ山となれでは無責任すぎるように思う。

## FC参加者は、家族でビジネスパートナー

わずか2～3年の間にマンマチャオの加盟店舗数も五百店舗を超え、加盟しているオー

ナーさんたちの人数も三百数十名となった。さらにプレチャオ会員として数多くの方たちに登録いただいている。

他の大型コインランドリーのＦＣ組織と比較した場合、マンマチャオの加盟者は、個人事業家や個人投資家、特にサラリーマン投資家が多いようだ。

それというのも前章で述べたように、ここ数年の間に私の本やテレビでマンマチャオの存在を知って、事業説明会に参加して、起業に踏み切ったオーナーさんたちが多いからだ。

その結果、当然のように企業経営の未経験者や副業として大型コインランドリーを経営するオーナーさんたちへのフォローがＦＣ本部としてのマンマチャオの大切な役割りとなる。

私自身もこの本の中で強調しているように、起業して経営者となること自体が、孤独な闘いへの第一歩だったように思う。

たとえＦＣに参加して、言われたとおりにやっていれば大丈夫だと思っていても、軌道に乗るまでは出費が続き、お先真っ暗なような錯覚に襲われてしまう。

さらに経営が軌道に乗ったとしても、「トラブルへの備えはどうすればいいのか」「経理処理はどうすればいいのか」など、次々と不安が襲ってくる。特に最初のうちは、サラリーマン投資家ならば余計に、相談する相手もいなければ、次々と未知との遭遇の連続で、不安に苛《さいな》まれる日々が続くことになる。

だからこそＦＣ本部としてやるべき大きなテーマの一つが、マンマチャオのＦＣに参加した加盟者を、苦楽を共にする仲間としてとらえて密接な関係を作り出すことだと考えている。

そのためにもＦＣ参加者は家族同然。「家族なんだから盆と正月の２度ぐらいは、みんなで集まろうよ」と年に２回のオーナー会を開催している。「たまには飯でも一緒に食おうよ」と２か月に１度のディナー会を開いている。「海外旅行もいいね」と海外視察を兼ねた研修会、「ゴルフもいいんじゃない」とゴルフコンペ。それ以外にも、パートさんやスタッフさんの交流を兼ねた研修会などを頻繁に開催している。

マンマチャオのＦＣ参加者の大多数が個人投資家だからこそ、さまざまな機会を設けて交流を深め、投資家集団として共に歩むことが大切だと思っている。事実、みんなが集まったときの話題はコインランドリー経営の話に留まらず、新たな事業展開の話や投資話、仕事上の意見交換にまで及んでいる。

私は当然のようにやっていたのだが、これほどまでに加盟オーナーさんたち同士が交流しているFCも珍しいらしい。

## ◎進化し続けてこそFC本部の役割が果たせる

FC加盟者とFC本部が一体となって機能していくためには、より多くの交流の機会を作り出すと共に、ありとあらゆるコミュニケーション手段を駆使することが欠かせないと思う。

今では、加盟オーナーさん同士の交流のためのオーナー会、ディナー会、海外研修やゴルフコンペだけでなく、さらにはSNSを使った日常的な加盟オーナーさん同士の交流のために、フェイスブック上にグループページ『マンマチャオオーナー会』を開設するなどの取り組みもやっている。

このマンマチャオオーナー会のグループページだが、機械のトラブルなどでオーナーさんが質問を書き込んだりすると、FC本部からの答よりも早く別のオーナーさんが解決法を提示するなど、当初の想定以上の役割を果たしてくれている。

先に紹介した顧問の竹村義宏さんからは、「これこそが今の時代のＦＣの役割りです」「ＦＣ仲間同士が支え合って発展することに大きな意味があります」と言われていた。集合天才というそうだが、三人寄れば文殊の知恵で、ＦＣ仲間が英知を寄せ合えば一人の天才をも凌ぐということらしい。ＦＣ仲間同士の交流を促進してきた成果が、このようなところにも表れている。

特にマンマチャオのＦＣ加盟者には副業や兼業のオーナーさんが多いので、24時間対応のコールセンターや遠隔操作システムの導入でオーナーさんの手を煩わせることなくトラブル対応ができるようにした。さらには電子マネーやプリペイドカードの利用ができるようになり、オーナーさんたちが居ながらにして売上げ状況を確認できる管理システムまでも提供している。

他にも大型コインランドリー専門の店舗総合保険の提供や、ＮＴＴ東日本の提供する『ギガらくカメラ（クラウド型カメラモニタリング・録画サービス）』を利用して、店舗内の状況がスマホなどで、いつでも視聴できるシステムなども導入している。この『ギガらくカメラ』によって録画映像をクラウド上に保管できるので、防犯上も役立っている。

## ◎コインランドリー業界のリーディングカンパニーを目指して

今さらながらというか、我ながら感心することだが、ここ数年でマンマチャオの業務内容が多岐に渡るようになってきた。

大型コインランドリーのテナント契約をよりスムーズに進めるために『株式会社C－ESTATE』という不動産会社を作った。さらにより安全で効率のいい配管や配線を考え、内外装と設備工事の工程をグループ会社全体で共有してオープニングセールを成功させるために『株式会社C－FRONT』という自前の建設会社も作った。

その結果、大型コインランドリーの開店に最適な物件の紹介、業務用機器の手配と設置工事、内外装を始めとした店舗作り、オープニング手配と各種宣材の提供、エコランドリーの名に恥じない洗剤や仕上剤の提供、機器のメンテナンス、リアルタイムで現状を把握できる売上げ管理システム、さらには店舗紹介のためのSEO対策などオーナーさんたちへのサービス提供など、候補地探しから開業、運営にまで幅を広げた広範囲な仕事ができるようになった。

## ◎先達者のいない未知の世界が広がっている

妻と二人で、アパートの一室でマンマチャオを起業してから20年ほどの歳月が通り過ぎた。よくぞここまで来れたものだと思う反面、今までは目標とする先輩企業もあったし、ともかく生き残るんだという意地もあった。コインランドリー業界の中で揉まれながら日々を過ごしてきたように思う。

それがふと気が付けば頭一つ、周辺の同業者より前にいる。目の前にあるのは足を踏み入れたことのない未開拓地、大型コインランドリーを取り巻く未知の世界のようだ。

20年、30年と長期に渡って働き続けてくれる業務用の洗濯機器類だとはいえ、世の中は進歩し続けている。世の中の変化に合わせて、提供するサービスもまた進歩し続けて行かなければならない。

機械を売ってお仕舞いはマンマチャオのやり方ではないので、機械の寿命よりさらに長くオーナーさんたちと歩んでいくことになる。そのためにも常に進歩し続けること、私の信条でもあるのだが、ファイティングポーズを取り続けることが欠かせない。

と同時に、ここまで来れば私一人がファイティングポーズを取り続けていても絵にはならないし、笑い話でしかない。

今まで以上にこれから重要性を増していくのが、マンマチャオのＦＣに加盟しているオーナーさんたちとの連携とマンマチャオを支える社員たちの奮闘だと思う。

# 第15章

# 今でも社員に求め続けていること

## ◎我が社の朝礼は、なんでもありのスピーチから始まる

20年近く、朝礼を続けている。その朝礼、月曜日の朝は全員の30秒スピーチの日となっている。この30秒スピーチでは、仕事の話はタブーだ。土日に、家族とディズニーランドへ行ったとか、1人で釣りに行ったとか、娘とこんなことがあったとか、そのような話をしてもらう。

社員には、人前で話すことに慣れてほしいと思っている。営業職でなくても、コミュニケーション力が必要だ。事務の人でも電話を受けて、的確に答えられないと仕事に支障を

きたす。「お客さまにはそう言ったんですよ」と言われても、「伝わってなきゃ意味ないじゃん」と言わざるをえない。人と人との円滑な関係は、まずは会話力から始まる。同僚の社員の前で喋れないのに、お客さんの前で喋れるわけがない。

それと30秒スピーチのもう一つの目的は、社員同士の親近感と理解を深めるためにある。「この人、ビリヤードが趣味だったんだ」「この人には、小学生の子供が2人いるんだ」など、社員同士の風通しが良くなっていく。だからこそ仕事以外の話をさせるようにしている。

それ以外にも、毎朝30分間は掃除の時間にしている。自分の会社とその周辺を掃除するのだけれど、その間は会社にいても仕事はしていない。だから社員同士が仲良くお喋りしながらやっている。これも社員同士の親睦を深めるために役立っていると思っている。

## ◎SNSを使った日報もまたコミュニケーション手段

トークノートを使い、みんなが書いて、それをまたみんなが見られる日報も我が社の特徴かもしれない。もし万が一、日報がトークノートに書き込まれない場合、1日分の給料が引かれてしまう。やはりこれも第一には国語力、文章力を鍛えてほしいからだ。

今の時代、お客さんとのやりとりも、メールを使うことが多い。書きようによっては誤解を招くこともあるし、伝わらないこともある。ますます文章力が必要とされる時代だと思う。さらに文章化することによって、自分の頭を整理することもできる。今日やった仕事を棚卸して、翌日やる仕事や今後の課題も整理できる。

そしてやはり社内の風通しを良くするためでもある。翌営業日の予定を見て、〝この人埼玉へ行くんだ。それじゃついでにこの部品を持って行ってもらおう〟となる。

それ以外にもトークノートのメッセンジャーでグループを作って連絡をとりあえるようにしている。その一方で、トークノートを使った社員同士のマンツーマンのやりとりはしないようにと指導している。これは1対1だとパワハラになる危険性があるからだ。

さらにEメールの場合も、すべて私に転送するようになっている。だから毎日250通ぐらいのメールが私に届く。ときにはお客さんからのクレームのメールが転送されてくることもある。だから状況もすぐに分かるし、当の社員より早く、私がお客さんへ謝りのメールを送ることもある。そうすると「わざわざ社長さんからメールをいただくほどのことでもありません。私も余計なことをメールしました」などと、逆に謝られることもある。

仕事をするうえでは、クイックレスポンスが大切なので、社員にも再三注意している。

## ◎プロの営業マンなら心得ておいてほしいこと

第11章で触れたように、初めて社員を採用したときは、こちらの期待も膨らみすぎて空回りすることが多かった。特に営業職の社員に対しては、ついつい厳しく当たってしまう。私自身が最初に経験した仕事が、製薬会社のＭＲという特異な営業の世界だったからかもしれない。

それでも営業畑出身ゆえに、やはり言いたいこともある。営業するうえでの基本中の基本でもあるので、自分に言い聞かせる意味からも、書き留めておこうと思う。

《目標設定と計画性》

まずは、目標を掲げることだ。ノルマや会社から与えられた目標があればそれでもいいのだが、自分なりの目標で、ノルマ以上の成績実現を掲げるような気概がほしい。

会社からのノルマや目標がなければ、当然自分で設定する。これは会社が勝手に設定したノルマだと言い訳したくなることもある。だからこそ自分で、会社が決めたノルマであろうと、自分で考えたノルマであろうと、これこそが自分の決めたノルマなんだと決意することが必要だ。

そして、自分でこの数字をやると決意した以上、その数字に責任を持つのが営業だ。その数字に到達するためのスケジュールや、販売する商品の割合などを考える。そしてあとはただひたすら、その目標に向けての実行あるのみだ。実行が伴わない目標設定は、絵に描いた餅以下だ。

## 《目標数字への執念》

自分で決めた数字である。有言実行が営業では当たり前だ。雨が降ろうが槍が降ろうが、何があろうと、目標数字に対してあくなき追求をしていく。

「死ぬ気でやったんですけど、達成できませんでした」って言い訳を聞くこともある。「えっ？　生きてるじゃん」と言いたくもなる。人間、死ぬ気になれば、何か方法を考えるはずだ。何も、長時間労働がいいと言うつもりはない。ただどうしても売れないときは、残業も必要ではないかと思う。それでもダメなら、ノルマがおかしいか、商品がおかしいか、やり方が間違っているのかだ。

本気で取り組まないと、商品が悪いのか、営業担当の力不足なのかも分からない。また本気で取り組んだからこそ達成したときの喜びも大きい。ただ運が良かっただけの棚ボタのような売上げならば、そんなに感動しない。

だから本気で取り組めばこそ、目標の未達成が悔しくなる。その悔しさが次の戦略を考える原動力になる。そして諦めないことだ。売上げの締め日のギリギリのギリまで営業を続ける。もしくは売上げ報告を求められる会議の寸前まで営業を続ける。もし会議の寸前で売上げが上がったら、会議で詰められたときに、「スミマセン、でもたった今、これだけの売上げがありました。これは来月の売上げに回りますが」と言い訳がましく言ったっていいと思う。

## 《理念を持ち続けること》

自分が営業をしたことによって、誰がどのようにハッピーになるのか？

その仕事は、自分のためだけではないはずだ。売上げを上げて、注文をとってくれれば、それを作る人たちの仕事ができる。事務のお姉さんたちの仕事もできる。お客さんも喜んで、そして地域に還元するので、地域の皆さんも喜んでくれる。自分が頑張れば、たくさんの人を喜ばせることができる。間接的ではあるが、みんなを喜ばせることができるんだということを、考えているのかいないのかの違いは、すごく大きい。

そして蛇足かもしれないが、お客さまは必ずしも、具体的に自分にとっての幸せに気づいていない。そこを気づかせる、イメージさせることが大切なんじゃないだろうか。

それを考えることができれば、自分の営業理念はできたのも同然だ。なぜ営業しているの？　ノルマがあるから？　上司に叱られるから？　これでは寂しい。そしていつか煮詰まってしまう。そんなの面白くないからだ。

## 《あとは単なる戦術だが》

私は笑顔で営業することが、まず第一だと考えている。

それこそ新卒で社会に出てから、いろいろな会社で営業して、そして今の自分の会社でもトップセールスという営業を続けている、今の今もである。笑顔で営業を続けている。

でもそれは、自分の理念追求のためで、目標達成のために役立つものであるし、理念追求を求めていったら自然と笑顔になっていくと思う。

なぜ売れたのか？　営業することが楽しくて、笑顔でやれたから。

なぜ売れなかったのか？　なんだか気持ちが乗らなくて、笑顔でやれなかったから。

「無理しても、笑顔を作ってくださーい」と指導するコンサルタントの先生もいらっしゃるが、自然と笑顔がこぼれてくるような営業をしないと、お客さんには伝わらない。

本当に、お客さんの幸せを考えた営業ができていないのなら、作り笑いの営業なんてすぐにボロが出てしまう。私も幾度か講演に呼ばれ、人前で営業の話をさせてもらったことがある。そのようなときには必ず真っ先に、営業に不可欠な笑顔の話をするのだが、はてさてどこまで伝わったのかと不安になる。形式だけでも笑顔が必要なんだと誤解されていないだろうか。そんな心配もあるので、少し悩んでもいる。


ほかにも、顧客ニーズを探ることの必要性だとか、本音で話をすることの大切さだとか、彼を知り己を知れば百戦危うからずといった孫子の話などをしてきたが、前提となる営業理念や営業魂がなければ意味のないことばかりだ。営業って本当に奥が深い。突き詰めても、突き詰めても、答えが出てこないことばかりだ。さまざまな業種に関わり、30年近くも営業しているのに、いまだに営業は難しいと思う日々が続いている。

まとめに代えて

# 死ぬまで営業マンかもしれない

## 未だに一営業マンとしての私がいます

「予算がないので断られました」

それは借金してでも買いたいと思わせることができなかったからだ。相手の心を動かせなかった自分に問題があったのだ。

「予算が合わないのでやむを得ません」

お互いの条件が合わないのだから仕方ないと言う。でも、そうじゃない、それは予算を合わせようと、相手に努力させなかった結果にすぎない。

ついついこのように思ってしまう私がいます。この本を読んでいただいた読者の皆さんにはお分かりいただけると思いますが、それこそが外資系製薬会社のＭＲに始まり印刷会社や輸入会社の営業マンを経て起業した私に染み付いた性癖です。

そのことが幾度もの挫折を経験しながらも、なんとかここまで辿り着けた原動力であったと同時に、自分自身が根っからの営業マンであったために、社員に適切な指導ができなかったという側面もあったように思います。

## 営業経験を活かしたトップセールスとＦＣ仲間作り

試行錯誤を繰り返しながらも、さまざまな経験を積み重ねることによって、仕事のやり方に工夫を凝らしてきました。そのこともあり、私の仕事も経営に関すること以外は全国各地で開催している事業説明会で話すことがメインになって来ました。

最前線で戦う営業マンとしての仕事こそなくなったものの、コンビニエンスストアーの本部や大手ドラッグストアから声を掛けられることが多くなり、そのような場合には当然のように自ら出向くようにしています。その結果、セブンイレブンさんやローソンさん、大手ドラッグストアであるツルハドラッグさんなどで、次々とコインランドリーができつつあります。

第14章で紹介しましたが、ＦＣの本部であるマンマチャオには２つの責務があると思っています。それはＦＣに加盟していただいたオーナーさんたちと一体となり、ビジネスパートナーとして共に歩むことと、大型コインランドリーのさらなる進歩のために新たなサービスを開発して、提供し続けることです。今までにも、業界初の『トラブル受付コールセンター』や『ネット遠隔操作返金システム』、電子マネーの利用を可能にした『電子マネーランドリー』、『カラダにも地球にもやさしいエコランドリー』、居ながらにして現状がつかめる『売上管理システム』などを開発してきました。

このようなことができたのも、営業マン上がりゆえに、お客さんとの日常的な接点があり、さまざまな声を聞かせていただいていたからだろうと思います。

## 次の時代のニーズにも応えたい

紆余曲折を経ながらも、すでに上場を目指すところまで企業規模は大きくなりました。「はじめに」のところでも触れたように、女性の社会進出という時代の変化を追い風に、天の時、地の利、人の輪という幸運にも支えられてこその到達点だと思います。今振り返ってみると、地獄の底の苦汁はなめたものの、運が良かったとしか言いようのないことが幾つもありました。

小規模の企業のうちは許される甘えも、企業規模が大きくなると社会的な責任を伴うことになります。この本の中で告白した税金や社会保険料の滞納、銀行へ返済計画の組み直しを求める「リスケ」などが、いつまでも許されるわけがありません

そして何よりもマンマチャオには、共働き主婦層を中心とした若いお母さん世代の新たなライフスタイルとして定着しつつある大型コインランドリーをさらに進化させ続ける責務があります。それこそが、コインランドリー業界の一翼を担う企業にまで成長させていただいた、マンマチャオの役割りだと思います。

車が主な移動手段の地方発の主婦のライフスタイルとして成長を続けてきた大型コインランドリーも、まだまだ都市部での市民権を得るには至っていません。

欧米の事情を垣間見ると海外からのロングステイの旅行者や国外からの出稼ぎとも

いえる外国人労働者の人たちのコインランドリー利用が目立っています。これもまた我が国においても新たな需要が見込めます。それでなくとも大型コインランドリー利用は、利用対象者の4〜6%程度に留まっているのです。大きな伸びしろがあるのに、まだまだ有効にサービスを提供できていないのがコインランドリー業界の現状です。

## FC仲間とスタッフと、そして私

ここまで来れば、いま何をすべきかは明確です。

私にはすでに、共に未来を語り合えるFC仲間という300人を超えるビジネスパートナーがいます。そして今も増え続けています。

FCを支える優秀なスタッフもいます。この本の中で紹介したように、私の馬鹿さ加減もいやというほど見聞きして、苦汁の日々を共に経験したスタッフです。

2年後の2020年には1000店舗。先ずは目の前の夢に向かって突撃です。

三原 淳（みはら じゅん） 株式会社mammaciao代表取締役

1967年、東京生まれ。専修大学経営学部卒業後、大手製薬会社にMRとして入社。その後、大手スーパー、OA機器販売会社、印刷会社の営業を経て、業務用洗濯機輸入商社に入社。退社後、米国の大手洗濯機メーカーのデクスター社と日本における独占販売契約を結び、2000年に株式会社エムアイエスを設立、代表取締役に就任。環境配慮型エコランドリー「mammaciao（マンマチャオ）」のFC展開を始める。2016年、株式会社mammaciaoに社名変更。2018年9月現在、全国に約500店舗を出店、さらにいずれも業界初となる「トラブル受付コールセンター」「ネット遠隔操作返金システム」、さらには電子マネー（PASMO、Suica、Edy、WAON、nanaco等）が利用可能な「電子マネーランドリー」を開発した。著書に『知っている人だけが儲かる　コインランドリー投資のすすめ』『マンガで学ぶ　はじめてのコインランドリー投資』（幻冬舎）、『大型コインランドリー開業・運営マニュアル』（ゴマブックス）などがある。

**増補版**

**それでも一人の営業マンが起業を成功させたわけ**

**ーコインランドリー投資をブームにした男の物語ー**

2018年11月1日　初版第1刷発行

著　者　　三原 淳
発行人　　神田和花
発行所　　ＪＰＳ
ＤＴＰ　　岡村デザイン事務所
装　丁　　EBranch（富澤崇）
印刷・製本　シナノ
発売元　　太陽出版
　　　　　東京都文京区本郷 4-1-14　〒 113-0033
　　　　　TEL：03-3814-0471　FAX：03-3814-2366


ISBN978-4-88469-949-9　C0034